De la main droite il essuye, tandis que la gauche qui ne s'engourdit pas...... page 167.

GARDE A VOUS!!!

OU

LES FRIPONS
ET LEURS DUPES;

AVENTURES PLAISANTES

des filoux les plus renommés de la capitale, des provinces et de l'étranger;

Destinées à mettre les honnêtes gens en garde contre la finesse et l'audace des trompeurs en tous genres, si communs, surtout dans les grandes villes.

Et publiées par l'auteur des *Repaires du crime*, du *Petit Conteur de poche*, etc.

A PARIS,

Chez CORBET, Libraire, quai des Augustins, n°. 63.

———

1819.

GARDE A VOUS!!!

ou

LES FRIPONS

ET LEURS DUPES.

LE PORTE-MANTEAU.

Bien des gens ont la manie de raconter leurs affaires au premier venu, sans réfléchir que cette loquacité est souvent nuisible et presque toujours déplacée. En effet, si l'homme en qui vous mettez si étourdiment votre confiance est honnête, le moindre inconvénient qui puisse résulter de cette confidence est de l'ennuyer; tandis que s'il est fripon, vous ne pouvez accuser que vous-même d'avoir mis en jeu tous les ressorts de son imagination, et préparé le piége où vous donnez ensuite tête baissée.

Un particulier s'était embarqué dans le coche d'Auxerre, avec un porte-manteau bien garni. Un autre l'accoste, lie conversation avec lui, et obtient toute sa confiance. Le voyageur lui dit qu'attaché à l'un de nos tribunaux, il va passer les vacances dans le château de son client, à trois quarts de lieue de Sainte-Assise, où il prendra terre; le confident répond à cette expansion, en disant que son voyage ne s'étend pas si loin, et qu'il descend à Corbeil. En effet on se quitte à l'endroit désigné, non sans former des vœux pour se rencontrer au retour. Notre homme arrive à Sainte-Assise, le voilà débarqué, et finissant la route à pied, son porte-manteau sur l'épaule. A deux cents pas en avant du château, un villageois se présente : « N'est-ce pas à M. *un tel* que j'ai l'honneur de parler?—Oui mon ami. — Ah! monsieur, mon maître vous attend avec une impatience! mais vous avez chaud, donnez-moi ce paquet qui vous incommode ». On fait quelques pas. Un second paysan s'approche : « C'est M. *un tel*, dit-il? — Oui, tiens, toi qui es plus fort que moi, prends ce portemanteau, et cours devant annoncer monsieur. » L'autre part; le premier campagnard cause familièrement avec le voyageur, dont il ralentit la marche. Enfin l'on aperçoit la grille ; l'officieux paysan s'arrête pour un léger besoin ; le citadin entre dans le château, on l'accueille; il parle de ses effets arrivés avant lui; on ne sait ce qu'il veut dire ; personne n'a été députée à sa rencontre; enfin, par le rapprochement des circonstances, on conjecture que le confident officieux de Corbeil a sans doute apposté les deux prétendus paysans, et que les effets voyagent en ce moment pour son compte. C'était là précisément le nœud de l'affaire, car jamais de la vie on n'entendit parler du porte-manteau perdu.

L'ÉPOUSE DE RENCONTRE.

Un marchand s'étant mis dans une voiture publique pour aller à une vente, y trouva une domestique fort à son gré, qui, pour vivre aux dépens de celui qu'elle pouvait duper, voyageait souvent dans ces sortes de voitures ; le marchand n'avait des yeux que pour cette femme, qui ne manquait pas d'entretenir les feux dont elle le voyait brûler. La diligence turc étant arrivée au lieu où l'on devait coucher, il proposa à sa belle de venir avec lui à l'auberge qu'il choisit, et convinrent ensemble qu'elle l'appellerait son mari. Le soupé se passa agréablement, on se coucha ensuite ; mais à peine le jour commença-t-il à paraître, que sa prétendue femme le voyant dormir d'un profond sommeil, se leva, prit la culotte où il y avait deux cents louis, et s'en alla, disant à l'aubergiste qu'elle allait faire raccommoder la culotte de son mari. Une heure ou deux après, notre marchand s'éveille ; il est fort inquiet de ne point voir auprès de lui sa chère femme ; mais ce fut bien une autre surprise pour lui de ne point trouver sa culotte. Il frappa au plancher, et l'aubergiste étant monté, lui dit que sa femme était allée faire raccommoder sa culotte ; il ne douta plus qu'il ne fût dupé, et malgré lui la scène devint publique.

LE DOCTEUR ET SON MALADE.

Il ne devrait être permis qu'aux médecins de vivre de la goutte d'autrui. Un praticien de nouvelle fabrique arrive dernièrement chez un homme fort riche, qu'il trouve cloué dans son fauteuil par un violent accès. « Monsieur, lui dit-il, je viens de la part de monsieur N., votre ami : c'est moi qui l'ai guéri de la goutte, et il désire fort que j'aie auprès de vous le même succès. Etes-vous, comme il me l'a dit, bien souffrant ? — Oui, monsieur. — Vous ne marchez qu'avec peine ? — Pas du tout, dont bien j'enrage. — Comment, monsieur ! pas même dans votre chambre ? — Je ne saurais, monsieur, me tenir sur mes jambes. » Là-dessus notre prétendu guérisseur ramasse une montre, une bourse et quelques bijoux qui étaient sur la cheminée. «Ainsi donc, monsieur, si quelqu'un s'emparait de tous ces objets, vous ne pourriez pas courir après lui ? — Je vous assure que non.... Mais que faites-vous donc, docteur ? docteur! docteur! le diable soit du docteur ! il a tout emporté, et personne à l'antichambre pour s'opposer à son passage !!! »

LE DÉDIT.

Trois voyageurs à cheval et assez bien vêtus, descendent dans une auberge peu éloignée de Londres, et se font servir un dîner qu'ils s'empressent de payer fort généreusement. En causant avec l'hôte et sa femme, l'un d'eux leur dit que pour le rétablissement de sa santé il auroit besoin de vivre quelques mois à la campagne, et que l'endroit où il se trouve lui plairait beaucoup. Il leur offre de le loger et de le nourrir, lui et son cheval, à raison de dix guinées par mois.

La proposition est acceptée, et notre voyageur doit revenir avant huit jours pour jouir de son nouvel établissement. Mais bientôt il paraît douter de la bonne volonté de son hôte, et il veut de son côté lui donner une garantie de sa bonne foi. Il propose en conséquence un dédit, s'empresse d'étaler sur la table une somme de cent guinées, dit à l'aubergiste d'en compter autant, et que tout restera déposé chez ce dernier, qui en profitera, si lui, qui a fait la proposition, ne revient pas sous huit jours. L'hôte objecte d'abord qu'il n'a pas une si forte somme à sa disposition; mais ébloui par l'appât du gain, il court chez son homme d'affaires auquel il raconte son aventure, et qui lui prête l'argent nécessaire. De retour chez lui, l'aubergiste compte les cent guinées ; alors l'aventurier tire de sa poche un bonnet de nuit lié avec un petit ruban; il propose d'y mettre les deux sommes, ce qu'il fait en présence de l'hôte, de l'hôtesse, de ses deux compagnons et d'autres témoins. L'aubergiste lui-même tient le bonnet, pendant que le voyageur le lie avec un ruban. La femme ouvre son armoire, et l'étranger y dépose le bonnet. L'armoire est refermée, et la clef remise au voyageur, qui bientôt monte à cheval, et part avec ses compagnons, en promettant de revenir sous huit jours.

Cependant l'homme d'affaires, frappé de la bizarrerie de cette aventure, vient trouver l'aubergiste, et lui fait plusieurs observations qui commencent à inquiéter celui-ci. Des voisins surviennent, et on décide le maître de l'hôtellerie à vérifier le dépôt renfermé dans son armoire. La serrure est forcée ; l'aubergiste prend le bonnet, l'ouvre ; mais au lieu des guinées, qu'y trouve-t-il ? Des pierres. On courut après les escrocs, mais on ne put découvrir leurs traces.

L'EMPRUNT INCOGNITO.

Un homme fort riche avait depuis long-temps à son service un laquais dont il n'avait jamais eu lieu de se plaindre. Un jour ce garçon vient lui annoncer qu'étant sur le point de s'établir, il quittera son service dans quelques jours. En effet, à l'époque donnée, il se retire, avec un certificat très-honorable. Quelques jours après, le maître, visitant son portefeuille, y trouva un déficit de 20,000 francs de billets de caisse ; il eut sur son ancien domestique des soupçons d'autant mieux fondés que cet homme s'étant effectivement établi dans cet intervalle, avait acheté beaucoup d'effets et de marchandises. Le particulier le dénonce à la justice, qui fait une descente chez lui, et après les formalités usitées en pareil cas, lui demande : « Qui lui avait fourni de l'argent pour acheter les marchandises qui se trouvaient chez lui ? » Il répondit effrontément que son ancien maître lui avait prêté 20,000 francs payables dans dix ans, en récompense de ses longs et loyaux services ; qu'il lui avait fait sa reconnaissance, laquelle devait se trouver dans ses papiers. Sur cette réponse inattendue, on visita les papiers de ce particulier, et la reconnaissance fut effectivement trouvée dans le secrétaire ; ce qui empêcha le maître de faire des poursuites contre ce filou domestique.

LA CULOTTE DU GASCON.

Un cadet de Gascogne, officier subalterne, partit de l'armée pour s'en retourner chez lui, monté sur un rossinante qui, tout bidet qu'il fût, pouvait passer par sa vivacité pour le gascon des chevaux : la bourse du cavalier étant fort légère, se trouva épuisée qu'il était à plus de cinquante lieues de son pays. Comment faire ? Il arriva un soir à un fameux cabaret. A ses manières et à son effronterie, on lui aurait cru la bourse bien garnie : « Allons, dit-il, mon hôte, grand chère et grand feu ! » On le servit à souhait. Quand il eut soupé, il se coucha dans un bon lit, où, après avoir fouillé jusqu'au fond de son magasin pour inventer un stratagème qui le tirât d'intrigue, il en trouva un auquel il s'arrêta ; il se leva au milieu de la nuit, et par une petite lucarne qu'il avait aperçue, il monta sur le toit, et cacha si bien sa culotte sous les tuiles, qu'on n'en pouvait voir la moindre parcelle; après quoi il fut se remettre au lit. Le lendemain matin, il appela la servante d'un ton important et lui dit de faire du feu, car on était en hiver; cependant il cherche sa culotte: «Sandis, s'écrie-t-il, rêvai-je? où est donc ma culotte? est-elle évanouie?... viens la chercher, dit-il à la fille.» On visite partout; point de culotte: de temps en temps le gascon faisait des exclamations. « Le diable, disait-il, loge-t-il céans? est-il venu prendre ma culotte? Voilà ce qui me confond. » Comme il crioit, l'hôte arrive et apprend l'histoire de la culotte égarée; il la cherche sur nouveaux frais, mais inutilement. On met tout sans-dessus-dessous; point de nouvelles: après une perquisition bien exacte, le gascon dit à l'hôte: « Je ne suis pas venu sans culotte, vous n'en doutez pas; ce que je regrette le plus, c'est que j'avais vingt pistoles qui ont été cause qu'on me l'a volée. Voyez, donnez la question à vos domestiques, sandis!»

L'hôte fait venir son monde, il crie, il tempête. L'hôtesse se met de la partie et augmente le tintamare; les domestiques innocens crient plus haut que le maître et la maîtresse. Le gascon avec un sang-froid admirable disait: «Voyons si tout ce vacarme me ramènera ma culotte et ma bourse!» L'hôte et l'hôtesse s'étant morfondus en vain, le gascon reprit : « Comment l'entendez-vous? je ne voudrais pas vous mettre en justice, je serais cru sur mon témoignage; écoutez: » poursuivit-il avec beaucoup d'humanité, « il faut que je parte : je serais au désespoir de vous plaidailler, car je ne suis pas normand;

je vois d'ailleurs que c'est une affaire malheureuse pour vous : vous me faites compassion, je veux bien m'exécuter; donnez-moi une culotte et 10 ou 12 pistoles, je vous tiens quitte du surplus, admirez ma générosité. Si nous plaidons, il ne peut que vous en coûter davantage. » L'hôte prit ce tempérament qu'il ne pouvait s'empêcher de louer : il avait une culotte neuve qu'il donna au gascon; il lui compta 10 pistoles, et lui fit grâce de son écot; le gascon partit; le bidet, qui avait été bien traité, hennit d'alégresse, comme pour applaudir au tour de son maître. Enfin l'on se sépara, chacun assez satisfait l'un de l'autre.

TROIS MOIS EN UN JOUR.

Le jeune Hippolyte V..., étudiant en médecine, venait de recevoir de son pays un trimestre de sa pension. C'était dans la belle saison, au moment où les fêtes se succèdent presque sans interruption, à dix lieues à la ronde, dans les villages voisins de Paris. Hippolyte, avant de payer son quartier, résolut d'assister à l'une de ces fêtes, et d'y briller avec cet argent, dont une faible partie devait rester à sa disposition, pour sa dépense personnelle. C'était précisément l'époque de la foire des Loges ; il s'habilla de son mieux et se rendit à St.-Germain, dans ces voitures que salit un nom burlesque; de là il gagna pédestrement l'emplacement de la foire qu'il se plut à parcourir sur tous les sens, jusqu'à ce que, se sentant appétit, il entra dans l'auberge la plus apparente du voisinage, et s'y mit à table dans un cabinet particulier. Il avait à peine mangé un potage, quand le maître de l'auberge vint, la casquette à la main, lui demanda s'il voulait bien permettre qu'une dame comme il faut, qui paraissait arriver de Paris, dans un brillant équipage, partageât avec lui le cabinet, seul endroit qui lui restât de présentable à une personne de son rang.

On sent bien qu'Hippolyte ne refusa point la grâce qu'on lui demandait : il vit bientôt entrer la dame en question ; une mise élégante, une figure céleste, un langage au-dessus du commun, gagnèrent en peu d'instans le cœur du jeune étudiant, qui s'enhardit jusqu'à offrir à l'étrangère le partage de son dîner. Cette offre fut refusée avec une politesse mêlée de fierté, dont l'expression acheva de persuader à celui qui l'entendait que cette aimable personne appartenait à la classe la plus distinguée. Elle fit mieux : lorsqu'on lui eut à son tour apporté son potage, entendant son commensal demander la carte, elle exigea d'un ton qui ne souffrait pas de résistance, qu'il acceptât sa part du léger repas qu'elle avait commandé pour elle-même, en traversant la cuisine.

Ce léger repas se composait d'une douzaine de plats, d'un dessert somptueux, et de plusieurs sortes de vins et liqueurs qui achevèrent d'enivrer de toutes les manières un jeune homme peu fait à de telles jouissances.

Cependant la conversation s'était animée ; l'inconnue y faisait preuve d'esprit ; et les heures s'écoulaient sans que l'on s'en aperçût. Elle proposa enfin de faire un tour dans la foire ; Hippolyte présenta son bras, qui fut accepté. Mais avant de sortir, moitié furtivement, moitié du consentement tacite de sa jolie *partner*, il paya la dépense du *léger repas*, qui se montait à quelques louis. Pendant la promenade, différentes bagatelles parurent flatter la dame : elles furent achetées aussitôt par son galant cavalier, qui en fut quitte encore pour une quarantaine de francs.

La nuit commençait à déployer ses voiles ; madame de Ferval (c'était ainsi que s'appelait la compagne d'Hippolyte) madame de Ferval, dis-je, prétendit qu'il était temps de retourner à Paris ; elle avait son équipage ; mais avant de l'aller reprendre, elle voulut que le jeune homme s'assurât d'une voiture publique. Toutes étaient parties ou retenues ; il fut impossible de se procurer une place, même *en lapin* (1). Extrêmement contrariée de la disgrâce de son jeune ami, elle exigea qu'il revînt avec elle dans son carosse; il accepta, enchanté d'une telle faveur.

Arrivés à Paris, l'on descendit à

_____

(1) Sur le siége du cocher.

l'hôtel de . . . ., rue Traversière-Saint-Honoré; madame de Ferval fut accueillie avec les démonstrations de la plus vive amitié, par la maîtresse de la maison, qui offrit des rafraîchissemens. Mais bientôt un bruit étrange se fit entendre à la porte de la rue; la dame, d'un air étonné, demanda ce que ce pouvait être. A peine la domestique fut-elle sortie pour s'en informer, que des pas pesans et une voix glapissante retentirent dans l'antichambre. « Je veux être payé, et l'on me paiera ! » criait cette voix qui semblait, à chaque mot, prendre un ton plus élevé ; la porte se rouvrit, et Hippolyte reconnut le cocher de l'élégant équipage, qui venait réclamer son salaire ; car ce n'était plus qu'un remise, loué le matin par madame de Ferval. Celle-ci, sans s'émouvoir, dit au phaëton de repasser le lendemain, à moins qu'il n'eût la monnaie d'un billet de banque; Hippolyte toujours galant, quoiqu'un peu désapointé, s'informa du prix convenu, et apprit que c'était trente francs, qu'il se hâta de tirer de sa bourse, désenflée à vue d'œil : la dame fit bien quelques façons, mais finit par accepter, en disant qu'elle allait changer son billet pour rembourser toute la dépense dont elle avait jusqu'alors été l'occasion ; et le brutal cocher se retira satisfait.

Une demi-heure après, la domestique rentra, annonçant que l'on demandait madame de Ferval ; celle-ci sollicita, et obtint sans peine la permission de quitter un moment la compagnie. Une heure s'écoula encore dans une conversation insipide, entre Hippolyte et la maîtresse du logis, femme épaisse de corps et d'esprit. Enfin il commença à témoigner son impatience. « Eh mais ! lui dit la dame G..., est-ce que vous attendez encore *la Ferval ?* — La Ferval? cette dame qui sort d'ici? oui, madame. — Oh! elle est bien loin et ne reparaîtra pas sans doute. — Elle n'habite donc pas cette maison? — Non, elle y vient quelquefois *en partie,* tantôt avec l'un, tantôt avec l'autre, et je suis aussi surprise que vous, qu'elle vous ait quitté sans passer dans l'un de nos appartemens. »

A ces mots trop significatifs, notre étourdi reconnut, *mais un peu tard,* dans quelle sorte de maison il se trouvait. Il voulait se retirer; on y consentit après lui avoir fait payer les rafraîchissemens dont les deux dames avaient consommé la plus forte partie, et il rentra tout penaut dans son hôtel garni, après avoir dissipé dans un seul jour la presque totalité des fonds qui devaient fournir à son existence de trois mois.

LA RESTITUTION RÉCIPROQUE.

Dans le temps qu'on portait des habits galonnés et garnis de boutons en or, quelquefois massifs, un monsieur qui se trouvait dans la foule, au passage du roi, sentit derrière lui un mouvement extraordinaire, d'où il conclut avec assez de justesse qu'on lui enlevait une partie des galons et des boutons de son habit. Inquiet, il regarde de côté, et surprend en effet un homme dans l'occupation qu'il avait pressentie. Au lieu de se récrier, il tire lestement de sa poche un couteau bien affilé, saisit d'une main l'oreille de son voleur, et de l'autre la lui coupe net. Le filou pousse un cri terrible, et voyant ce dont il s'agit : « Ah, monsieur, dit-il : ne me perdez pas ! tenez, voici votre garniture. — A la bonne heure, reprend le volé, homme naturellement jovial: tenez aussi, voilà votre oreille. »

C'EST LE TOUT DE BIEN S'ENTENDRE.

Trois gaillards de bon appétit se promenaient dans la campagne, réfléchissant sur les moyens de dîner amplement avec la somme très exiguë que possédait l'un d'eux. Ils aperçoivent de fort loin un paysan qui portait sur son épaule un bâton au bout duquel pendait un superbe lièvre. « Laissez-moi faire, dit le plus jeune à ses deux camarades, nous aurons bien du malheur si cet animal n'est pas la pièce de résistance de notre repas. » Aussitôt il se retire avec eux derrière un bouquet de bois, leur explique son projet, et les laissant dans leur cachette, il court par un faux-fuyant au devant du villageois. « Bonjour, camarade, lui dit-il, vous paraissez avoir bien chaud ! c'est que ce *matou* est fort lourd ; vous allez probablement vendre sa peau à la ville ; si vous l'aviez dépouillé d'avance, j'en donnerais bien trois francs, car c'était de son vivant un maître chat. » Le paysan, qui était resté tout ébahi pendant cette longue période, retrouva enfin la parole pour soutenir que ce qu'il portait était un bel et bon lièvre. « Vous moquez-vous, bonhomme, ou si vous croyez que je ne connaisse pas les lapins de gouttière ? » La dispute s'échauffait ; un voyageur approche : « Quel est, s'il vous plaît, cet animal, lui dit le madré compère ? — C'est un chat. — Un chat ! s'écrie le paysan, ils me feraient enrager. Je vous dis que ce n'est point un chat. — Eh bien ! c'est une chatte, reprend le passant avec un grand sang-froid, et il poursuit son chemin. Là-dessus l'antagoniste du villageois pérore de plus belle pour soutenir sa thèse; ce dernier persiste dans son dire; enfin l'autre propose de gager six francs contre le prétendu lièvre, et de s'en rapporter à la décision de la première personne qu'ils rencontreront. Marché convenu, un homme se présente; tous deux lui demandent comment il appelle l'animal qu'on lui fait voir :

« J'appelle un chat un chat, »

dit-il; et le paysan, à moitié convaincu, abandonne son lièvre et poursuit sa route en soupirant : « J'aurais pourtant bien juré, dit-il, que c'était un lièvre; il faut que le berger, qui m'en veut, m'ait jeté un sort ! »

Après cette belle affaire, nos trois fripons se réunirent; car les deux survenans étaient les camarades de l'autre;

et ils allèrent, dans l'auberge la plus voisine, se régaler aux dépens de leur dupe.

AVOCAT, PASSEZ AU DÉLUGE !

Le 3 mai 1819, un particulier attaqué en police correctionnelle, à Paris, commença ainsi le discours qu'il se proposait de prononcer pour sa défense :

« Caïn massacra son frère; Joseph fut vendu par les siens; Charles Ier fut victime du plus horrible forfait.... »

Comme il paraissait disposé à continuer sur le même ton, le président l'interrompit pour lui faire observer qu'il ne s'agissait là ni de Caïn, ni de Joseph, ni de Charles Ier., mais d'une belle et bonne escroquerie, en réparation de laquelle il fut condamné, le lendemain, à dix ans de travaux forcés.

LA CHAPPE A L'ÉVÊQUE.

Le 1er. mars de la même année, une grande réunion de fidèles avait eu lieu dans l'église du couvent de St.-François d'Assises, à Madrid. On venait d'y chanter avec beaucoup de solennité les vêpres des défunts, préliminaires pieux de l'office qui devait se célébrer le lendemain, pour le repos de l'âme d'Isabelle de Bragance, reine d'Espagne, qu'une mort précoce avait enlevée au prince son époux.

Quand l'évêque célébrant eut quitté ses ornemens pontificaux, ils furent, suivant l'usage établi en Espagne, placés par un page du prélat, sur un grand plateau d'argent massif à rebords, et déposés sur la table appelée *crédential*. Aussitôt que le page y eut remis le plateau, un homme proprement vêtu se présente, fait à l'autel une profonde révérence, prend le plateau avec les ornemens très-riches en or et en broderie, surtout la mître, ornée de pierres précieuses, et la chappe noire qui avait été faite exprès pour cette circonstance. Dans l'église et hors de l'église, il marche entre les files de soldats, tranquillement et sans obstacle, parce qu'on croit qu'il porte le tout chez l'évêque. Les domestiques du prélat n'ayant trouvé à la sacristie ni le plateau, ni les ornemens, crurent également que l'homme était un serviteur du couvent, et qu'il avait porté le tout chez l'évêque. L'illusion cessa bientôt, et montra un nouveau trait de ce que peuvent le sang-froid et les calculs audacieux d'un adroit filou.

LA BONNE CACHETTE.

Monsieur de Lurin rencontra un jour de fête, en allant à la messe, un homme en habit galonné qui le salua, et qui lia insensiblement conversation avec lui : cet homme lui demanda après plusieurs autres choses s'il avait de l'argent : « C'est que, monsieur, ajouta-t-il tout de suite, j'ai un bon conseil à vous donner. Vous savez que Paris est plein de filoux, et qu'il est assez difficile d'éviter leurs ruses : ainsi vous ne ferez pas mal de mettre en sûreté ce que vous pouvez avoir qui en vaille la peine, soit argent monnoyé, soit montre ou tabatière, etc. » M. de Lurin lui répliqua : « Je suis, monsieur, très-sensible à vos attentions ; du reste, je ne crains pas les filoux ; je n'ai ici qu'un louis d'or, et je le tiens dans ma bouche: ils seront bien fins, s'ils me l'escamotent. — C'est fort bien imaginé, dit l'autre, et vous pouvez vous vanter d'être *involable*. » Après ce peu de mots, ils entrèrent ensemble dans l'église et se placèrent dans une chapelle. Vers la fin de la messe, le donneur de conseils tirant son mouchoir, laissa tomber à terre cinq à six louis, ce qui fit du bruit et attira de ce côté les regards du peuple. Il se baisse et cherche son argent ; M. de Lurin, voyant un louis à ses pieds, le ramasse et le rend à son cousin. Lorsque celui-ci eut trouvé toutes les pièces qui étaient tombées, il dit tout haut à M. de Lurin : « Donnez-moi, monsieur, le second louis que vous avez ramassé. — Vous vous trompez, monsieur, répartit M. de Lurin, je n'en ai touché qu'un seul. — Oh ! je vous ferai bien trouver l'autre, monsieur ! je vous l'ai vu mettre dans votre bouche. » M. de Lurin, qui, comme nous l'avons dit, avait effectivement un louis dans sa bouche, ne sut où il en était ; voyant bien qu'il serait condamné, il cracha le louis que le filou reprit tranquillement, et se retira au plus vîte, poursuivi par les invectives du peuple, traité comme le dernier des hommes, et trop heureux encore de n'être pas mis en prison, par dessus le marché.

LE BON SOMME.

Une bonne femme qui était à peu près de l'humeur de feu Roger-Bontemps, ayant reçu chez elle de prétendus marchands forains, leur donna à déjeûner ; ces misérables, profitant d'un moment où elle était occupée, jetèrent dans son verre une pincée d'un narcotique, qui la plongea dans un profond sommeil, dont elle ne sortit qu'au bout de trente-six heures. A son réveil, elle se trouva seule et complettement dévalisée de son argent et de tout ce qu'elle avait chez elle de portatif. « Je m'en moque, s'écria-t-elle, ils m'ont pris pour environ deux cents francs d'écus et d'effets; mais j'ai bien dormi pour mon argent! »

L'OFFICIEUX.

Le jour de Pâques, il y avait, comme de coutume, grande affluence à Saint-Eustache. Au commencement de l'office, une dame suspendit ses prières pour se régaler d'une prise de tabac, et remit dans son ridicule une superbe tabatière en or qui contenait sa provision. Un filou très bien mis, que la sainteté du jour avait attiré là bien moins que l'espoir de quelque bon coup à faire, s'aperçut de cette manœuvre, convoita le bijou, et fit tant qu'il parvint à s'en emparer. La dame cependant, voulant quelque temps après prendre du tabac, cherche sa tabatière, mais elle fut bien étonnée de ne la pas trouver; elle fait un grand bruit: « Qu'est donc devenue ma tabatière ? Ah ! Dieu ! serait-elle volée ? » Le filou, qui n'avait pas encore eu le temps de s'évader, dit à la dame que personne ne l'avait approchée, et qu'elle cherchât de nouveau; mais ce fut inutilement. Comme on prenait le filou pour un grand seigneur, on n'osait même le soupçonner. « Que je suis malheureuse ! dit alors la dame : perdre une si belle tabatière ! et ma montre ne me manquerait elle pas aussi ?... ah ! non, reprit-elle, je l'ai laissée par bonheur sur ma cheminée.—Ne vous affligez pas, madame, lui dit le filou d'un air important, votre tabatière se trouvera, j'en réponds; j'ai quelque autorité sur la police, je m'en vais donner ordre de l'arrêter à tous les orfèvres ; si je suis assez heureux pour en avoir des nouvelles, enseignez-moi, je vous prie, où vous demeurez, et apprenez-moi votre nom. » La dame le remercia, et lui apprit ce qu'il souhaitait. Le filou sort aussitôt de l'église, et s'en va droit au logis de la dame. « Je viens ici, dit-il, de la part de madame *une telle*, prendre sa montre qu'elle a oubliée sur sa cheminée. » Une des filles-de-chambre de la dame, qui n'avait jamais vu ce personnage, n'était point d'avis qu'on lui remît la montre : le filou qui comprit qu'on le soupçonnait, « Je vois bien, reprit il, que vous ne connaissez pas le baron de Plateforme ; mais heureusement j'ai de quoi vous convaincre que vous pouvez vous fier à moi : reconnaissez-vous cette tabatière ? Madame me l'a remise, prévoyant que, sans ce gage, vous pourriez vous faire peine de lui envoyer sa montre par un homme inconnu. » Il n'en fallut pas davantage pour lever tous les soupçons ; on lui remit la montre, et la dame n'en eut jamais de nouvelles, non plus que de sa tabatière.

LA LETTRE DE CACHET.

Milord Staford fut volé assez adroitement. Il avait une épée d'un très grand prix : un filou se déguisa en exempt, et ses camarades se travestirent en soldats-aux-gardes. Ils attendirent le lord dans une rue, où il devait passer à pied sur la fin du jour. Le faux exempt l'arrêta, en lui disant qu'il avait ordre du roi de le conduire à la Bastille ; il lui montra un ordre faux parfaitement bien imité ; il le fit entrer dans un fiacre, il monta avec lui ; la troupe escorta le carosse ; quand ils furent près de la Bastille, le filou demanda l'épée à milord, parce qu'il ne convenait pas à un prisonnier de la garder ; il lui promit de la rendre lui-même dans l'hôtel de sa grace ; il descendit après, comme s'il eût voulu aller parler au gouverneur de la Bastille. Il laissa le prisonnier seul dans le fiacre, et ne revint plus, ni lui ni ses gens ; ce seigneur ne pouvait pas croire, même long-temps après, qu'on eût voulu le filouter.

IL ÉTAIT TROP BIEN ENFONCÉ.

Un filou vint sans chapeau à une foule dans une église. Il se glissa derrière un magistrat, lui déroba un castor très fin, et le mit effrontément sur sa tête. Le magistrat, qui sentit que son chapeau lui échappait sous le bras, cria qu'on lui volait son castor. Le filou, en se l'enfonçant dans la tête avec les deux mains, dit alors : « Parbleu, on ne m'ôtera pas le mien. » Personne ne s'avisa de le soupçonner.

LES SONGEURS.

L'empereur Charles-Quint s'étant un jour égaré à la chasse dans une forêt, et de beaucoup éloigné de sa troupe, arriva, après plusieurs détours, auprès d'une auberge isolée, où il résolut de prendre un peu de repos. Etant entré, il voit quatre hommes, dont la mine ne lui présageait rien de bon ; il s'assied cependant et demande ce dont il avait besoin : ces hommes étaient couchés et faisaient semblant de dormir ; le premier se lève, et s'étant approché de l'empereur, il lui dit qu'il avait songé qu'il devait lui ôter son chapeau, et en disant cela il le lui prend : le second lui dit qu'il avait songé que sa casaque l'accommoderait bien, et la lui ôte en même temps ; le troisième jette l'œil sur son buffle, et l'en dépouille ; le quatrième songe aussi à son tour, et dit au prince de ne lui pas savoir mauvais gré s'il se donnait la peine de le fouiller ; et lui voyant au cou une chaîne d'or où pendait un flageolet, et se mettant en devoir de la lui enlever : Attendez, mon ami, lui dit l'empereur ; avant de me priver de ce cher sifflet, permettez que je vous en apprenne la vertu. Et en même temps il se mit à siffler. Ses gens, qui le cherchaient, reconnurent à ce son l'endroit où il était ; et étant entrés dans cette auberge, ils furent bien surpris de le voir en cet état : « Voici des gens, leur dit-il en les voyant, qui ont songé tout ce qu'ils ont voulu : je veux aussi songer à mon tour ; » et ayant un peu rêvé, il ajouta : « J'ai songé que ces messieurs les songeurs étaient tous quatre dignes du gibet, et je veux que mon songe s'accomplisse tout-à-l'heure. » On les pendit sur-le-champ tous quatre, vis-à-vis de ce logis.

LE VOLEUR COMME IL FAUT.

Quelques années avant la révolution (dit Bachaumont dans ses Mémoires), un homme titré se présente chez son bijoutier ordinaire. « Je voudrais, dit-il, une belle boîte de fantaisie. » On se prosterne, on s'empresse, on étale tout ce que le goût a de plus exquis. Monseigneur parcourt avec convoitise cet assemblage d'or ; il voudrait de tout son cœur s'en emparer ; mais le moyen d'y parvenir ! *Qui trop embrasse mal étreint.* Il borne donc pour cette fois ses prétentions à une seule boîte, et il consomme aisément cette petite capture. Il considère celle du plus haut prix, la saisit adroitement après en avoir touché vingt autres avec indifférence, et la met tranquillement dans sa poche. Cette opération faite, monseigneur fait appeler ses gens, monte dans sa voiture, prodigue au marchand les plus galans adieux, et le laisse enchanté de son urbanité. Huit jours se passent, l'époque de l'inventaire arrive et annonce au marchand la perte de sa boîte. Qu'est-elle devenue ? il se casse la tête en vain pour le deviner ; lorsqu'un beau jour monseigneur arrive et la lui présente, en lui disant : « Cette boîte m'ennuie depuis long-temps ; je veux m'en dé-

faire : vaut-elle bien cinquante louis ? »
— Oui, monsieur, répond le marchand, tout ébahi de revoir sa chère boîte, et confondu de l'aisance hardie avec laquelle on s'en arrogeait la propriété et la valeur. Le mot était lâché, et le pauvre marchand donne les cinquante louis. Il dévorait intérieurement son indignation, sachant trop bien qu'en vain il s'adresserait aux tribunaux, qu'en vain il y porterait sa réclamation, n'ayant que trop d'exemples récens qu'alors un grand parvenait toujours non-seulement à se justifier, mais encore à faire punir quiconque osait légitimement suspecter sa bonne foi.

LA MALLE DU VERRIER.

Un chevalier d'industrie, retournant dans sa province, portait sur lui pour tout avoir un habit encore assez propre, et très-peu d'argent. Ayant fait rencontre en chemin d'un verrier, qui avait vendu à Paris toute sa marchandise, et suivait la même route, ils convinrent ensemble d'aller souper dans la meilleure auberge, sans bourse délier, et prirent leurs mesures pour assurer le succès de cette honnête résolution. Le chevalier entra le premier dans l'auberge, où il demanda hautement une chambre à deux lits, et fit préparer un bon souper, disant qu'il venait de quitter un pauvre verrier qui lui avait paru honnête homme, et qu'il croyait ne pas manquer d'appétit : Faites-le monter, ajouta-t-il, quand il sera arrivé, et laissez-le partir demain matin, à l'heure qu'il voudra, sans prendre de son argent ; je me charge de toute la dépense. Pour moi, comme je suis fatigué, je ne me leverai pas si tôt ; ainsi, que l'on ne me réveille pas avant dix heures. Le verrier étant arrivé, on le fit monter à la chambre du chevalier; ils firent bonne chère, et le lendemain de grand matin, le verrier ayant fait entrer le chevalier dans sa malle qui était fort élevée, l'emporta sur ses épaules, sans qu'on soupçonnât rien. Ils étaient déjà bien loin, lorsque dix heures sonnèrent. Comme le chevalier avait dit qu'on l'éveillât à cette heure, le maître monta à sa chambre et fit du bruit à la porte; l'autre ne répondant point, le maître ouvrit la porte avec sa double clef, et fut fort surpris de ne le pas trouver dans son lit; il descendit en bas, et proféra mille malédictions contre son chevalier, qui l'inquiétait fort, et sur le retour duquel il ne comptait que légèrement. A peine finissait-il de crier, qu'un homme entra et fit un récit qu'il trouvait fort plaisant. « J'ai vu, disait-il, sortir un homme de la malle d'un verrier. Ah! la drôle de chose, je ne puis m'empêcher d'en rire. » A ce récit, le maître désespérant du retour de son homme, n'eut point d'envie d'en rire; il s'aperçut, à n'en pouvoir douter, qu'il avait été bien dupé.

LES DEVINS.

A la foire St.-Germain, un homme d'une humeur badine, et tournant ses badineries à son profit, s'avisa de louer une grande salle, dont deux portes placées à l'opposite donnaient une entrée et une sortie facile; il tapissa cette salle en noir, et y mit un long bureau, couvert de tapis de même couleur; mit dessus deux grands chandeliers, garnis de deux flambeaux de cire jaune et allumés, une urne dans le milieu, remplie de la matière que je ne nomme point, et s'assit au milieu du bureau, accompagné de deux hommes vêtus comme lui, d'une façon bizarre ; puis fit crier par un homme qu'il payait bien : « C'est ici qu'on apprend à deviner, on ne prend que cinq sols. » Les badauds en grand nombre entraient, et chacun sans confusion approchait du bureau. Le prétendu devin, dont l'air taciturne et sombre lui donnait aisément l'apparence d'un sorcier, faisait mettre le doigt dans l'urne à celui qui se présentait ; puis d'un ton imposant : « Portez-le, disait-il, à votre nez, et dites-moi ce que cela sent ? » L'odeur de cette matière puante faisait connaître aisément ce qu'elle sentait, et il répondait, « Avez-vous deviné ? sortez sans bruit par l'autre porte, et gardez le secret. » Chacun, intéressé à garder le silence, pour s'épargner la honte d'avoir été dupé, sortait sans murmurer, et ce stratagème valut beaucoup au prétendu sorcier.

LES GOURMETS.

Un particulier fort bien couvert s'écria tout-à-coup au milieu d'une foule, qu'on venait de lui voler sa boîte d'or, et désigna un homme assez mal mis, qui était auprès de lui, et qui ne manqua pas de protester de son innocence. La garde accourut au bruit de la dispute, et crut devoir mener chez un commissaire et le plaignant et le défendeur. L'officier de police commença par faire fouiller l'accusé, et on ne lui trouva rien. «Je suis sûr qu'il a pris ma boîte, s'écriait toujours l'homme qui se prétendait volé, qu'on cherche bien; elle est ovale, ornée de trophées, et pleine d'excellent macouba. » Enfin on la découvrit dans une petite poche pratiquée dans la basque de l'habit. « Je prie M. le commissaire, dit alors le plaignant, de vouloir bien goûter mon tabac; il verra que c'est réellement ma tabatière, indépendamment des autres preuves que j'en ai données.» M. le commissaire, très-friand de bon macouba, en prit délicatement une prise, et le trouva délicieux. Le premier clerc, dont le nez était aussi gourmet, voulut en savourer une prise, et le caporal du guet demanda la permission de se régaler pareillement de ce tabac si exquis. Un instant après, ces trois personnes s'endormirent. Aussitôt les deux voleurs s'emparèrent de tout l'argent que l'officier de police avait dans son cabinet ; il firent encore main-basse sur sa montre, ses boucles, sur celles du clerc, et sur une tasse d'argent et dix-huit francs qui composaient toute la fortune du caporal. Après avoir fait leur coup, ils se retirèrent chacun de son côté, les soldats qui étaient à la porte ne s'étant point opposés à leur passage, parce qu'ils crurent leur affaire terminée. Cependant, étonnés et impatientés d'attendre plus d'une heure, ils dirent au domestique du commissaire d'avertir leur caporal, qui, sans doute, s'oubliait dans une conversation intéressante, que l'heure de la parade approchait. Le laquais étant entré dans le cabinet de son maître, fut on ne peut pas plus surpris du profond sommeil qu'il y vit régner.

L'HÉRITAGE.

Quatre filoux ayant su qu'un homme riche, qui avait en 1782 un logement au faubourg Saint-Antoine, était depuis long-temps à la campagne, et n'entretenait aucune relation avec les personnes de sa maison, s'imaginèrent de forger son extrait mortuaire. L'un d'eux se costuma en commissaire, le second en clerc, et les deux autres en héritiers de province; déguisés ainsi, ils se transportèrent au domicile du mort-vivant, et produisirent leur faux titre au propriétaire de la maison, lequel, après avoir témoigné beaucoup de regrets de la perte de son locataire, leur ouvrit toutes les portes, et les installa dans l'appartement du soi-disant défunt. Prendre possession, s'en réjouir et faire des ballots, fut pour eux l'affaire d'un instant: cette vivacité imprudente leur fut fatale. Quelqu'un, qui était dans un appartement voisin, s'aperçut de leur manège et fit part de ses soupçons. On alla chez le commissaire du quartier, qui accourut, et qui, fort scandalisé de voir sa robe et son ministère profanés par un faux confrère, l'envoya inhumainement, ainsi que sa sequelle de clercs et d'héritiers, au châtelet, d'où ils ne tardèrent point à sortir en bonne compagnie, pour aller exercer leurs talens sur les galères de S. M.

LE REVENANT.

Une aventure à peu près semblable arriva depuis à Londres, et malheureusement ne se termina pas par une semblable catastrophe. Quatre à cinq hommes vêtus en officiers de justice se présentèrent chez un richard qui, en allant à la campagne, avait laissé ses effets sous la garde d'une vieille gouvernante. Ils annoncèrent à cette femme la mort de son maître, procédèrent à l'inventaire, et sur le refus de la domestique de se charger de la garde des effets les plus précieux, la confièrent à M. le commissaire, qui lui en donna décharge. Ils se retirèrent ensuite, emportant, en conséquence de cet arrangement, l'or et les bijoux.

A quelques jours de là, on frappe rudement à la porte : la gouvernante ouvre, mais la laisse bien vîte retomber en voyant derrière le fantôme de son maître. Celui-ci frappe de nouveau, se fait reconnaître des voisins, non moins effrayés d'abord, pour le véritable propriétaire du logis, apprend avec étonnement ce qui s'est passé, et obtenant enfin d'être introduit, trouve les scellés partout, excepté sur son secrétaire. « Mais soyez tranquille, lui dit la bonne femme; tout ce qu'il contenait est en sûreté chez M. le commissaire, qui n'a pu s'empêcher de convenir que je risquais trop à me charger seule de la garde d'objets aussi portatifs. » On eut beaucoup de peine à lui faire comprendre que les prétendus officiers de justice étaient des filoux, et que son maître désolé ne reverrait jamais rien de ce qu'elle leur avait sottement laissé enlever.

LE VOLEUR CONSCIENCIEUX.

Une dame, se trouvant seule dans son logis, entendit frapper à la porte, et vint ouvrir. Il se présenta aussitôt un homme assez proprement vêtu qui lui demanda si ce n'était pas ici la demeure de madame N... Sur sa réponse affirmative, il s'annonça comme ayant une affaire importante à lui communiquer. Elle le fait donc entrer. Alors, il ferme sur lui la porte aux verroux, et mettant le pistolet sur la gorge de cette dame, lui dit qu'il faut lui donner deux louis. Celle-ci répondit qu'elle n'en possédait pas tant ; mais le voleur lui ayant assuré savoir le contraire, elle lui demanda si, en lui montrant ce qu'elle avait, il se contenterait de la somme demandée. Il lui jura sa parole d'honneur que oui. Elle ouvrit alors un tiroir où était une vingtaine de pièces d'or. L'honnête voleur en prit deux, la salua fort poliment, et se retira.

LES LETTRES DE CHANGE.

Un négociant d'une des villes de France les plus considérables par leur commerce, reçut, il y a quelque temps, une lettre de l'un de ses correspondans étrangers, par laquelle celui-ci lui apprenait qu'un sien neveu venait de lui enlever son portefeuille, contenant environ 60,000 francs de signatures des meilleures maisons de banque de l'Euope. « Si par hasard, ajoutait le correspondant, il se rendait dans votre ville, vous le reconnaîtrez au signalement ci-après : ne faites semblant de rien ; attirez-le chez vous ; et là, à huis clos, parlez-lui de cette affaire dans les termes les plus propres à le décider à une restitution ; s'il refuse, menacez-le de le livrer à la justice ; mais gardez-vous bien d'en rien faire : son déshonneur retomberait trop directement sur sa famille, dont j'ai le malheur de faire partie. Si vous le trouvez disposé à rendre les valeurs, retirez-les de ses mains, comptez-lui cinq à six mille francs en espèces, et que je n'entende plus parler de lui. »

La lettre finissait par des excuses et des remerciemens anticipés du service que l'on attendait d'un homme obligeant comme l'était celui à qui elle s'adressait.

Heureux de pouvoir être utile à un

ami lui-même très-serviable, le négociant courut plusieurs jours, sur le port et dans les lieux publics, voir s'il y rencontrerait son homme. Il crut enfin le reconnaître au signalement détaillé qu'il avait relu plus de cent fois avec une scrupuleuse attention, trouva le moyen de lier conversation avec lui, l'invita à dîner, et l'amena au logis d'un air de triomphe.

Quand ils se trouvèrent, comme l'on dit, entre quatre yeux. « Vous vous nommez Alexandre F., lui dit-il d'un ton sévère; vous êtes le neveu de M. A. de S...? » Le jeune homme voulut se retirer; le maître de la maison le retint, et bientôt le vit tomber à ses pieds, en le suppliant de ne point le perdre.

« Il ne tient qu'à vous, monsieur, de faire oublier votre faute: rendez les effets que vous avez dérobés; j'ai l'ordre de vous compter une somme assez considérable, et de vous laisser aller, sinon de vous remettre entre les mains du consul, qui fera exécuter les lois. »

Ce marché était trop avantageux pour n'y pas souscrire ; Alexandre F. remit d'un air confus le portefeuille encore intact, reçut les 6,000 francs et disparut.

Le négociant se hâta de rendre compte à son correspondant de l'heureuse issue de cette affaire ; mais il reçut par le retour du courrier une lettre de son ami, portant qu'il ne savait pas ce qu'on voulait lui dire ; que jamais il n'avait eu ni frère ni sœur, par conséquent encore moins un neveu, et que probablement le confiant ami avait été la dupe d'un adroit filou, d'autant plus que les prétendues lettres de change qu'il avait renvoyées portaient des signatures évidemment contrefaites.

LE PORTRAIT AU VOL.

Le marquis de l'Etorrière était le plus bel officier du régiment des Gardes françaises; mais il le savait de reste. Un jour étant à l'office, il se sentit presser un peu fortement du côté droit, et se tourna vivement vers un homme qui lui fit aussitôt signe de se remettre dans sa première position. Etonné d'une injonction à laquelle il ne comprenait rien, il demanda par quel motif elle lui était faite. « Puisqu'il faut vous le dire, reprit en confidence l'inconnu, je suis élève d'un peintre fameux, qui est dans cette tribune là, vis-à-vis; et comme mon maître a été chargé par une dame très comme il faut, de faire votre portrait, je cherche à vous placer dans la position la plus favorable à notre dessein.» Le marquis, aveuglé par l'amour-propre, crut en effet voir dans la tribune indiquée un homme qui avait les yeux fixés sur lui, et même un crayon à la main. Flatté au-delà de toute expression, il se prêta de lui-même à tous les mouvemens que l'élève de peinture semblait lui désigner, en touchant tour-à-tour une partie de ses vêtemens. Enfin il entendit celui-ci lui dire, au bout de quelques minutes. « C'est fini, monsieur, ne vous gênez plus. — Déjà, s'écria M. de l'Etorrière?» et il vit son homme se perdre dans la foule. Mais quel désapointement, quand, fouillant dans ses poches, il ne trouva plus ni montre, ni bourse, ni tabatière ! le tout lui avait été lestement enlevé, tandis qu'il secondait avec tant de complaisance les manœuvres adroites de son peintre.

LES LARRONS EN FOIRE.

Trois filoux qui avaient l'air de fort honnêtes gens, se présentèrent un jour de foire dans la seule auberge du village de C.... Toutes les chambres étaient occupées, à l'exception de celle de l'aubergiste, où ils se firent mettre leur couvert; ils demandèrent une omelette, et sous prétexte de vouloir être servis promptement, l'un d'eux resta sur l'escalier, et jura qu'aucun domestique de la maison ne passerait que lorsqu'on les aurait satisfaits. Tandis qu'on se hâtait, les deux autres filoux ouvrirent la porte de l'armoire où ils savaient que l'aubergiste avait son argent, et prirent environ 300 livres; tous trois mangèrent ensuite tranquillement l'omelette, et burent quelques pots de vin; après quoi ils payèrent et sortirent de la maison, sans qu'on pût se douter de leur larcin.

LA RENCONTRE.

Deux jeunes voyageurs rencontrèrent, à une lieu d'Essonne, un homme à cheval, qui vint loger dans leur auberge, et qui, après y avoir dîné et en être sorti en même temps qu'eux, se trouvant également à l'endroit où ils devaient coucher, leur demanda la permission de souper avec eux, ce qu'ils crurent ne pouvoir refuser. Dans la conversation, l'inconnu se fit passer pour un négociant, et dit qu'il allait à Lyon. Le lendemain, on voyagea ensemble; et le soir, comme on faisait rafraîchir les chevaux, un autre homme arriva de Paris, questionna nos voyageurs sur la distance de Montargis, apprit d'eux qu'ils y allaient coucher, les y suivit, et leur fit, pour le souper, la même demande que le premier, qu'il semblait ne pas connaître. Le jour suivant, on se rendit dans un village appelé Nogent, où l'on dîna. « Un malheureux hasard voulut que l'un des voyageurs se plaignît d'un mal d'estomac. Le premier de nos aventuriers tire aussitôt de sa poche une petite bouteille d'eau-de-vie, qu'il dit excellente, et l'engage à en boire. L'autre jeune homme est aussi tenté d'en goûter. Quelques minutes après, celui qui l'avait versée se jette sur un lit, disant qu'il avait besoin de repos. L'envie de dormir prend alors nos jeunes gens, qui en font autant. L'autre se charge de veiller sur les chevaux et de venir avertir quand ils seront prêts. Mais tandis qu'ils dormaient profondément, les inconnus volent à l'un sa montre, avec le peu d'argent qu'il avait, et à l'autre, outre une somme de 312 livres, un étui d'or, une montre à répétition et une chaîne d'or avec quantité de breloques qu'il destinait à une jeune personne qu'il allait épouser.

LE COMPÈRE, SANS LE SAVOIR.

Un filou vêtu magnifiquement volait une montre au lever de Henri IV. Le monarque s'en aperçut, et voulut avertir le courtisan qu'on le volait. Le filou, se voyant découvert, fit signe au roi de ne rien dire. Henri IV crut que c'était un jeu, et ne fit semblant de rien; mais il fut bien surpris ensuite, car le voleur ne reparut plus.

IL EST FORT, CELUI-LA!

Pour montrer jusqu'où pouvait aller leur savoir faire, des filoux ne s'avisèrent-ils pas de voler l'exempt qui s'était rendu le plus redoutable par sa vigilance à les poursuivre? Un jour que, vêtu de son plus bel uniforme, il parcourait la foire Saint-Ovide, examinant si la police était bien observée, un audacieux filou s'approcha doucement, et lui coupa le derrière de son habit. Peu satisfait du succès de son effronterie, le hardi coquin alla le lendemain chez l'exempt, à l'heure qu'il le savait sorti, et dit qu'il était un garçon tailleur, et qu'il venait, de la part de monsieur, chercher pour le raccommoder l'habit dont la veille de rusés filoux, dignes d'être pendus, avaient osé couper le derrière. Sa commission parut très-vraisemblable ; on lui donna ce qu'il demandait, et l'honnête exempt n'a jamais pu découvrir son voleur.

LE MAL ET LE REMÈDE.

Depuis long-temps un adroit coquin ne cessait de guetter un riche médecin qui rentrait rarement chez lui sans y apporter quelque grosse somme, produit des cures merveilleuses qu'il opérait. Un samedi, sur les neuf heures du soir, notre filou qui l'attendait dans une petite rue détournée, l'ayant aperçu de loin, courut au-devant de lui d'un air tout échauffé, et lui dit : « Ah ! Monsieur, j'ai donc enfin le bonheur de vous rencontrer. Faites-moi la grâce, au nom du ciel, d'employer en ma faveur votre science que j'ai toujours admirée. Je ne demeure pas loin d'ici. Ne refusez pas de venir au secours de ma femme qui a un flux de ventre que rien ne peut arrêter et qui me met au désespoir. Au reste, j'ai eu la hardiesse de vous devancer; je viens de votre logis, où je vous ai attendu une heure pour le moins. » Le médecin lui répondit : « Je n'ai garde, monsieur, de vous refuser ce que vous demandez de si bonne grâce; et si je puis contribuer à rendre la santé à Madame votre épouse, il est de mon devoir de vous satisfaire. » A ces mots le drôle le conduit de rue en rue dans son logis, où, ayant fermé la porte, il prend d'une main un pistolet, et de l'autre une grosse bourse, et se tournant tout furieux vers le docteur : « Voici, dit-il, ma femme qui est tourmentée d'un flux de ventre depuis long-temps. C'est à vous à chercher la guérison de sa maladie, ou je vais la chercher moi-même avec ce pistolet. Le médecin tremblant et n'osant jeter le moindre cri, se vit contraint de guérir aux dépens de sa bourse le flux de ventre de celle qu'on lui présentait.

LE CONSEIL.

Un voleur ayant eu l'audace de faire son métier en plein tribunal, fut pris sur le fait ; la cour voulant, selon l'usage, le juger audience tenante, nomma d'office un avocat pour lui servir de conseil. L'homme de loi s'approche du coupable, et l'ayant tiré à l'écart : « Est-il vrai, lui dit-il, que tu aies fait ici ce tour de passe-passe? — Hélas! oui, Monsieur, mais.... — Tais-toi : le meilleur conseil que je puisse te donner, c'est de t'en aller au plus vîte ».

Le voleur ne se le fit pas dire deux fois, et s'enfuit par l'escalier du parquet. L'avocat retourna ensuite au barreau, et le président lui ayant demandé ce qu'il avait à dire pour la défense du voleur : « Messieurs, répondit-il, ce pauvre diable m'a avoué son crime ; mais il n'était gardé par personne : et comme j'étais nommé son conseil, j'ai cru lui devoir conseiller de prendre la fuite ; ce qu'il a fait aussitôt... » Ce fut pour tout l'auditoire un sujet de risée ; il n'y avait rien à dire contre l'avocat : c'était à la cour à y donner ordre et aux huissiers à prendre garde que le voleur ne s'échappât.

LES MARCHANDISES PROHIBÉES.

Un jeune provincial étant à Paris, et ayant ouï parler des mouchoirs de

Perse comme de mouchoirs fort à la mode, s'informait dans les maisons où il allait, si on pourrait lui en faire avoir. Une fille qui par différens stratagèmes faisait souvent des dupes, ayant su le goût de notre provincial, se présenta à lui comme il passait dans une rue : « Monsieur ne voudrait-il point, dit-elle, des mouchoirs de Perse ? j'en ai des plus beaux. — Volontiers, dit le provincial, charmé de cette rencontre : faites-les moi voir. — Je ne puis, monsieur, vous les montrer ici, parce qu'on me les saisirait ; mais donnez-vous la peine d'entrer dans cette maison où j'en tiens un magasin, et vous les choisirez à loisir » Notre homme trop crédule suivit la prétendue marchande ; mais à peine fut-il entré dans le magasin, que la porte se ferma, et au lieu de mouchoirs de Perse, il trouva des satins qui le balotèrent de leur mieux.

Notre provincial, pour se tirer d'embarras, tira deux écus de sa poche et les présenta. «Deux écus! dirent-elles d'un ton fort élevé; c'est nous faire affront!» Les commis du magasin parurent à ce bruit; c'était trois soldats aux gardes: «Comment osez-vous, dirent-ils, dans un lieu comme celui-ci, présenter deux écus?» Aux deux écus il en joignit deux autres; mais bon gré, ou mal gré il fallut y joindre le tout, puis sa montre et quelques bijoux, auquel prix on le renvoya, en lui recommandant de mieux garnir sa bourse, lorsqu'il viendrait à ce logis faire emplette. Notre provincial échappé de ce lieu, non sans bourse délier, alla chercher main-forte; mais ses marchandes ne louaient qu'à l'heure, et elles étaient déjà délogées lorsqu'on vint pour les saisir.

IL EN EUT PRIS SUR L'AUTEL!

Un filou arrêté, à Paris, dans les premiers jours d'octobre 1818, et conduit chez un commissaire de police, y subissait un interrogatoire, assis sur une chaise où ce magistrat venait de poser sa redingote. Tout en répondant aux questions qu'on lui faisait, le filou s'arrangea si bien qu'il parvint à la mettre sur son corps, sans qu'aucune des personnes présentes y fit attention. On ne s'aperçut de cette nouvelle escroquerie que sur l'escalier, au moment où on le conduisait à la préfecture de police.

PARTIE ET REVANCHE.

Un archevêque de Cantorbéry, en allant à sa maison de campagne, s'arrêtait ordinairement à une petite auberge isolée au milieu d'une forêt, pour faire rafraîchir son équipage; il aperçut, de la fenêtre de cette auberge, un particulier qui se promenait seul çà et là dans les bois, gesticulant et remuant les lèvres comme un acteur qui répète seul son rôle. Curieux de savoir ce que cet homme faisait là, il l'aborde et lie avec lui une conversation que celui-ci interrompait à chaque instant par de nouveaux gestes et un soliloque presque continu. « A quoi êtes-vous donc occupé, lui dit l'archevêque? — Je joue, dit l'autre. — Avec qui? — Avec Dieu ». Il n'en fallut pas davantage pour persuader à l'archevêque qu'il parlait à un fou, et il résolut de s'en amuser quelques instans. « A quel jeu jouez-vous? — Aux échecs. — Et le jeu est-il intéressé? — Assurément. — Quand vous gagnez, ou que vous perdez, comment faites-vous vos comptes? — Très-aisément; Dieu m'envoie aussitôt un pauvre homme à qui je donne ma perte; au moment où je vous parle, je suis mat, et je dois cinquante guinées ». A ces mots, il tire cinquante guinées de sa poche, les donne à l'archevêque, et s'enfuit. Le prélat ne savait que penser d'une aventure aussi singulière; il continua sa route, et distribua aux pauvres les cinquante guinées. A son retour, il trouve son homme au même endroit et l'aborde, comme une ancienne connaissance. « Eh bien ! jouez-vous toujours, lui dit-il ? comment la chance a-t-elle tourné depuis notre dernière entrevue ? — Tantôt bien, tantôt mal, répondit le joueur. Aujourd'hui, j'ai fait les plus beaux coups du monde; à l'instant où vous m'avez abordé, je gagnais la cinquième partie. — Et qui vous paiera, dit l'archevêque ? — Ce sera vous, reprit brusquement l'autre, en tirant un pistolet de sa poche ; car comme Dieu m'envoie toujours un pauvre, quand je perds, il ne manque jamais de m'envoyer un riche, quand je gagne ». L'archevêque venait de recevoir cinq cents guinées, le joueur le savait, il fallut les lui donner sans remise. Le prélat s'aperçut alors, mais trop tard, que cet homme qu'il avait pris pour un fou n'était rien moins qu'un adroit fripon.

―――――

LA PRÉCAUTION.

Un homme, qui, dans une foule, portait sur l'épaule une longue sacoche pleine d'argent, se sent enlever son sac, qui disparaît comme par enchantement. Un autre homme portant aussi une sacoche *bien pareille*, se trouvait derrière lui. Le malheureux lui raconte son affaire en demandant s'il n'a rien vu? « Rien du tout, répond l'autre, mais c'est votre faute : si vous eussiez, comme moi, cousu votre sac à votre habit, vous ne l'auriez pas perdu de cette manière.»

Là-dessus il le salua amicalement et se perdit dans la foule. C'était un filou, qui, tout en marchant derrière le porteur, s'était avisé de coudre ses vêtemens au fond du sac, et avait lestement choisi l'instant favorable pour s'en emparer.

AVIS AUX VIEILLARDS.

Un homme ayant paru trouver un petit écu dans la rue Dauphine, aux pieds d'un vieillard assez proprement vêtu, prétendit qu'il n'avait pas le droit de profiter seul de cette bonne aubaine, et engagea cet homme peu méfiant à entrer avec lui et deux camarades, qui venaient de le joindre, dans un cabaret à quelque distance. Là, sous le prétexte de mettre du sucre dans les verres, il glissa dans celui du vieillard une poudre narcotique qui commença par lui engourdir les sens et finit par lui causer un sommeil de plus de vingt-quatre heures. Lui et ses dignes associés, feignant alors d'être inquiets sur la situation de *leur ami*, firent venir un fiacre qu'ils eurent la générosité de payer, et mirent le vieillard dedans, après lui avoir enlevé sa bourse, sa montre et sa tabatière ; puis, ayant donné une fausse adresse au cocher, ils allèrent chercher ailleurs de nouvelles dupes.

L'ANE FONDU.

On devait exécuter un criminel sur la place du marché d'une ville de province; et comme l'endroit ne jouissait pas souvent d'un pareil spectacle, il y avait une telle affluence de gens venus de tous les villages circonvoisins, que la circulation était devenue presque impossible.

Un bon villageois monté sur son âne, en traversant la ville pour se rendre à sa chaumière, voit la foule qui se presse, et, comme les autres, suit le torrent. « Peste soit du butor ! où va-t-il sur son âne ? Camarade, est-ce que rien ne peut se faire sans vous ? etc., etc. » Telles étaient les exclamations que faisait naître sa présence incommode; mais tout cela ne fit aucune impression sur lui; il avança jusqu'à ce qu'il eût trouvé le lieu propice d'où il verrait tout à son aise. Enfin l'y voilà; une bonne heure se passe, on s'habitue à lui, et le criminel qui arrive bien tard pour les spectateurs, mais encore trop tôt pour lui, attire l'attention générale; à peu de chose près, du moins, car trois filoux qui se trouvaient dans la compagnie, ayant résolu de la venger de l'importunité du campagnard, songeaient bien plus à leur affaire, qu'au camarade que l'on allait expédier. Ils avaient suivi de près notre Sancho, et s'étaient assigné leurs postes autour de son roussin, qui, peu curieux de son naturel, ne songeait pas à bouger, quoique son maître lui eût laissé la bride sur le cou. Que font mes trois drôles? ils détachent doucement la sangle qui attachait le bât de l'animal; deux d'entre eux, placés à droite et à gauche, soutiennent ce bât chacun de leur côté; et le troisième sentant maître Aliboron dégagé de tous ses liens, l'emmène par la bride, sans que personne, pas même le propriétaire, s'en aperçoive, tant on était attentionné à ce qui se passait sur l'échafaud. Il n'y parut qu'au moment où le patient fut *lancé dans l'éternité*, car les deux porteurs lâchant à la fois leur fardeau, le villageois tomba lourdement à terre. On s'empressa autour de lui, et tout ce que l'on put comprendre à ses doléances, fut que son âne lui était fondu entre les jambes.

NAGE TOUJOURS, ET NE T'Y FIE PAS.

Un riche négociant avait coutume d'aller tous les matins se baigner pendant une demi-heure dans les environs de Brighthelmstone. Un filou l'ayant remarqué, se déshabilla à une certaine distance du lieu d'où le nageur se jetait à la mer, se rendit à bord de son bateau quelques minutes après qu'il en fut éloigné ; et se plaignant de se trouver un peu indisposé, il dit au batelier de le conduire à terre pendant qu'il s'habillerait. Cette entreprise hardie lui valut une montre, et une tabatière d'or, plus de quarante guinées, et un frac des plus élégans. Le négociant ayant fini son exercice journalier, revient à l'endroit où il avait laissé son bateau, et ne le trouve plus. Il le découvre enfin, près du rivage, où il arrive en nageant, et apprend ce qui venait de lui arriver. Il crut d'abord que c'était une plaisanterie que son frère lui avait faite, le batelier lui ayant dit que l'homme qu'il avait conduit à terre lui ressemblait parfaitement bien ; ce ne fut qu'en apercevant quelques guenilles laissées sur les bords du rivage, qu'il reconnut qu'on lui avait enlevé pour tout de bon, ses bijoux, son argent et ses habits.

TOUR ANGLAIS.

Les filoux de Londres ne sont pas moins rusés que les nôtres : témoin l'anecdote que l'on va lire, racontée par un Français qui y joua un rôle malgré lui. « Je sortais du spectacle, la presse était grande à la porte, et je sentis quelque chose entre mes jambes qui m'aurait fait tomber, si je n'eusse été soutenu par la foule ; j'y portai la main, et je reconnus que c'était un gros chien. L'on m'avait prévenu qu'on courait risque d'être volé en sortant du théâtre ; je m'étais précautionné contre cet accident, en tenant la main sur mon gousset. Tout d'un coup je sens qu'une main velue saisit la mienne, et qu'on m'enlève ma montre. J'eus la présence d'esprit de retenir cette main, en criant au voleur : la foule s'écarte, et j'aperçois que ce chien qui était entre mes jambes était celui qui m'avait volé : je croyais le tenir, mais je me sentis serré par derrière avec tant de violence, que je fus contraint de lâcher mon voleur : ceux qui m'environnaient, et qui s'étaient rangés au bruit que j'avais fait, livrèrent passage au prétendu chien, et se resserrèrent avec tant de promptitude, que je me trouvai sans montre, et aussi pressé qu'auparavant. Je ne puis, malgré ma perte, m'empêcher de rire, lorsque je pense au tour qu'on m'a joué : il n'est pas nouveau; et l'on assure que ces chiens ne sont autre chose que des enfans, qui, à la faveur de cette mascarade, volent impunément, parce qu'environnés de ceux qui les mettent en œuvre, ils sont sûrs de trouver un passage, après avoir fait leur coup. Il faut nécessairement être volé quand ces messieurs l'ont résolu. »

L'AVIS INUTILE.

Un seigneur qui prétendait ne point craindre les filoux, dit en présence de M. d'Argenson, lieutenant-général de polic sous Louis XIV, qu'il les défiait de lui rien enlever; M. d'Argenson, qui connaissait tous les filoux de Paris et qui les avait sous la main, lui répliqua qu'on lui enleverait son chapeau, un tel jour, à telle messe ; « Vous êtes averti, ajouta-t-il, tenez-vous sur vos gardes. » M. d'Argenson après cela fit appeler deux ou trois filoux, et leur donna l'ordre de voler le chapeau de ce seigneur.

Ceux-ci lui promirent de le lui remettre au sortir de la messe convenue : en effet, voici comment ils s'y prirent. Ils achetèrent un chapeau qui ressemblait parfaitement à celui du seigneur ; ils imitèrent même les diamans qui étaient à sa boucle, et vinrent deux l'accoster, lorsque la messe allait se finir ; le seigneur serrait son chapeau avec force et ne pensait qu'à empêcher qu'il ne lui fût enlevé ; il s'aperçut trois ou quatre fois qu'on le tirait dans la foule comme il sortait, mais il ne faisait qu'en rire et se moquait des filoux en lui-même ; cependant son chapeau est tiré de nouveau et si fort, qu'il le lâcha ; s'étant retourné aussitôt, il trouve le chapeau supposé qu'il saisit avec violence, mais sans s'apercevoir de rien. Il s'en retourna triomphant chez M. d'Argenson qui avait déjà reçu son chapeau, et fut extrêmement surpris lorsque le duc le fit apercevoir qu'on l'avait filouté en effet : ce qu'il connut au diamant faux qui était au chapeau qu'il avait entre les mains ; pour le tirer entièrement de doute, M. d'Argenson lui remit son véritable chapeau, et depuis il se garda bien de faire de semblables défis.

L'ÉPOUSE DÉLAISSÉE.

Le dimanche 17 juillet 18.., à huit heures du soir, le maître d'école, sacristain du village de Fl.... d'Ar......, à 12 ou 15 lieues de Paris, vint trouver M. le curé, et lui dire qu'il ne pouvait fermer l'église, attendu qu'il s'y trouvait une dame *de la ville* qui semblait en proie à la plus vive affliction. Le charitable ecclésiastique s'y rendit aussitôt, aborda la dame avec la plus touchante affabilité, et en tira sans peine le secret de ses chagrins. Mariée, dit-elle, à Paris, à un ancien officier de cavalerie, elle y vivait dans l'aisance, heureuse surtout par l'affection de son époux, quand, presque subitement après un voyage dont elle n'avait jamais bien pu connaître les motifs, elle s'était aperçue d'un refroidissement sensible dans les manières de cet homme jusque-là si tendre; elle lui en avait fait des reproches modérés, et bientôt s'était vu abandonner, quoique rien dans sa propre conduite ne pût excuser une telle cruauté. Huit jours s'étaient écoulés sans qu'elle eût aucune nouvelle de lui, malgré des recherches multipliées; mais enfin, en visitant quelques papiers de famille enfermés dans un secrétaire, elle y avait trouvé une lettre, signée *Oportune*, dont les expressions passionnées ne laissaient aucun doute sur la cause de la disparition de son mari. La femme qui l'écrivait paraissait être une fermière aisée établie dans le village de Fl....

Munie de ces légers éclaircissemens, l'épouse délaissée avait successivement visité tous les villages de ce nom, qui se trouvent dans le rayon de dix lieues autour de Paris, sans trouver ce qu'elle cherchait ; enfin elle était arrivée à Melun sur les quatre heures, s'était fait indiquer le chemin de Fl.... d'Ar......, s'y était rendue du même pas, et par fatigue peut-être, autant que par dévotion, était jusqu'à ce moment restée dans l'église, où elle avait prié le ciel de mettre un terme à ses maux.

Le bon curé consola de son mieux l'étrangère, et lui fit espérer qu'en effet ses peines finiraient peut-être bientôt. Il ne lui dit pas sur quoi il fondait cette espérance ; mais sachant qu'il y avait dans le village une jeune personne du nom qu'elle avait cité, et qui passait pour être assez coquette, il ne doutait presque point que ce fût elle qui eût enlevé un époux à son épouse, et se proposait de prendre le lendemain, à ce sujet, les informations les plus scrupuleuses. En attendant, il fallait loger l'étrangère de manière qu'elle ne donnât dans le pays aucun soupçon du motif de son arrivée. L'honnête ecclésiastique lui fit accepter dans son presbytère une petite chambre dont il pouvait disposer, et la présenta à sa gouvernante, comme une parente éloignée que des affaires de famille amenaient auprès de lui.

Après une collation légère, chacun se retira de son côté : la chaleur était étouffante ; il s'éleva sur les minuit un orage épouvantable pendant lequel le curé, qui laissait toujours sa clef à la porte, fut réveillé en sursaut par le bruit qu'elle faisait en s'ouvrant. La veilleuse

ne jetait qu'une faible lumière : « Qui va là ? s'écria-t-il d'un ton assez ferme.
— C'est moi, répondit une voix douce qu'il reconnut pour être celle de l'étrangère; mourant de frayeur dans sa chambre, elle venait le supplier de lui permettre de passer le reste de la nuit sur un fauteuil, dans la sienne. Le curé y consentit (au moins est-ce là comme il raconta le lendemain l'affaire aux gros bonnets de la paroisse), et il se rendormit, après avoir vu la dame s'étaler dans une bergère près de la cheminée. Ne l'y trouvant plus le lendemain en se levant, il pensa qu'après l'orage elle s'était retirée dans sa chambre pour ne point l'importuner ; mais quand la gouvernante alla sur les dix heures frapper à la porte pour l'inviter à venir prendre son café, elle n'y était pas davantage; enfin le curé s'aperçut que sa montre, son argenterie, et une somme assez ronde

avaient disparu avec l'inconnue qui l'avait amusé la veille par un conte fait à plaisir.

LE NARCOTIQUE.

Un sieur Charton, directeur de la poste aux lettres de Dun-le-Roi, en Brie, fit insérer dans les journaux, vers le milieu du 18ᵉ siècle, une lettre dont le contenu est une nouvelle preuve du danger auquel s'expose une personne qui se lie avec les inconnus; en voici les principaux passages :

« Je revenais de Paris à cheval pour me rendre chez moi, quand je rencontrai à Angerville, à quatre lieues d'Étampes, deux hommes bien vêtus et bien montés qui voyagèrent long-temps à mes côtés sans me parler. Enfin, ils saisirent une occasion, et leur conversation m'inspira assez de confiance pour dîner avec eux. A l'hôtellerie, il se trouva un autre voyageur qui me parut ne point connaître les deux qui m'avaient accosté ; le hasard en apparence lui faisait faire la même route ; il s'en félicita, et nous demanda la permission de se mettre à notre table. Nous repartîmes tous quatre. Après quelques lieues de chemin, durant lesquelles ils mirent en usage tout ce que l'hypocrisie et la perfidie peuvent inspirer de plus adroit, l'un d'eux, avant d'arriver à Sercote, proposa de se rafraîchir d'une bouteille de bière. Comme il faisait très-chaud, on accepte, et aussitôt il part en avant pour la faire, dit-il, mettre au frais. Nous arrivons à l'hôtellerie, et sans descendre de cheval, chacun de nous boit un coup de bière : mon verre passe dans deux mains, et ne me parvient qu'après force honnêtetés ; je bois, et nous repartons. Une heure après, je me sentis faible, je me plaignis ; les trois coquins qui m'avaient empoisonné m'aidèrent, me consolèrent, et feignirent la douleur la plus vive et le plus grand embarras ; cependant je perdis connoissance : alors ils me transportèrent sur mon cheval, dans la forêt que nous avions déjà passée, et ils m'enterrèrent sous les branchages, après s'être assurés sans doute, en me meurtrissant le visage, que je n'existais plus. Je restai pendant vingt-quatre heures dans mon assoupissement, et deux jours avec l'esprit perdu : je dois à la force de mon tempérament, et à divers événemens heureux qui ont succédé à mon malheur, d'avoir résisté au poison et aux coups de mes assassins. Ils me prirent mon cheval, mes montres, mon argent, ma valise dans laquelle étaient des papiers importans qu'ils m'ont depuis renvoyés à mon adresse, timbrée de Paris. J'ai su que mon cheval avait été vendu peu de jours après dans cette ville, etc., etc. »

LES BADAUDS ANGLAIS.

Une bande de filoux, déguisés en ouvriers, ayant fait, à la nuit tombante, courir le bruit qu'un prisonnier s'était échappé d'une des prisons de la ville de Londres, et qu'on le voyait dans l'égout qui est sous la grille d'Aldersgate-Street (rue de cette cité), une foule de curieux se porta aussitôt vers l'endroit désigné. Un des filoux tenait une chandelle à la main, que les autres avaient soin d'éteindre toutes les fois qu'on la rallumait. Pendant ce temps, l'empressement des curieux pour voir l'échappé des prisons occasionna une foule si grande, que les filoux en profitèrent pour mettre à contribution les poches de leurs voisins. Un des spectateurs perdit son portefeuille, qui contenait des billets de banque pour des sommes considérables ; d'autres en furent quittes pour leurs montres, leurs mouchoirs, leurs tabatières, etc. Enfin, on s'aperçut de la supercherie, et on arrêta deux hommes de mauvaise mine; mais comme on ne trouva sur eux aucuns des effets volés, ils furent relâchés sur-le-champ.

LE RÉCIT MIS EN ACTION.

Un jeune gaillard entre dans la boutique d'un orfèvre, où il achète et paie un objet de peu de valeur. Il y avait sur le comptoir deux flambeaux d'argent avec chacun une bougie allumée, pour ajouter à la clarté que répandait un quinquet suspendu au plafond. Le chaland se met à causer : « Je viens, dit-il dans la conversation, d'être témoin d'un trait d'audace incroyable. Un homme bien mis, comme qui dirait moi, se présente chez un marchand, voit deux flambeaux, comme ceux-ci, sur le comptoir, en ôte, comme je le fais, les bougies qu'il éteint, aussi tranquillement que moi, met les chandeliers dans sa poche, salue la compagnie, va, comme ceci, vers la porte, l'ouvre et s'enfuit sans demander son reste. » Le drôle, qui avait fait toute la pantomime de son prétendu récit, la completta en tirant la porte sur lui, et prenant ses jambes à son cou, au grand étonnement de l'orfèvre et de sa famille, qui, après ce dénouement inattendu, ne trouvèrent plus l'histoire aussi plaisante.

LE CONCILIATEUR.

Une femme, mise en fermière aisée, se présente à Versailles, vers la fin de 1818, chez un notaire nouvellement nommé. Elle se dit d'une famille de cultivateurs très connue dans le département. Elle parle d'une liquidation importante faite dans l'étude du notaire, du temps de son prédécesseur; elle indique les dates, les sommes, les co-partages, les honoraires alloués. Le notaire vérifie, et tous les renseignemens donnés sont de la plus grande exactitude. Lorsqu'elle est entrée en connaissance, notre paysanne avoue au notaire qu'il ne s'agissait point pour le moment d'un acte à faire, mais d'un service à lui rendre. « Elle veillait, dit-elle, à faire rentrer sa récolte; un garçon de la ferme s'approche d'elle et l'embrasse. Son mari survient, et bientôt un soufflet couvre le baiser. Embrassée sans avoir voulu l'être, souffletée sans l'avoir mérité, elle abandonne sa maison, et se réfugie à la ville. Depuis trois jours qu'elle y est, elle a réfléchi, et tout son désir est de détromper son mari et de faire sa paix avec lui. » L'officier conciliateur offre ses services. On les accepte. Il se met à son bureau, écrit une lettre du style le plus pathétique. On l'approuve, on va l'envoyer, lorsque la dame embrassée et souffletée prie le notaire d'écrire un *post-scriptum*, par lequel elle invite son mari à lui envoyer de suite de l'argent, d'autant plus nécessaire, qu'elle est partie sans en prendre.

Le notaire, au lieu d'écrire, s'empresse d'offrir l'argent qu'on demande; il ne veut pas que le mari puisse penser que, sans le *post-scriptum*, la lettre n'eût peut-être point été écrite. La dame refuse, le notaire insiste ; elle accepte enfin. On se quitte content l'un de l'autre. La lettre part pour sa destination. Au bout de deux jours, le mari arrive, sans savoir ce qu'on veut lui dire ; sa femme n'a jamais cessé d'être avec lui, elle l'accompagne dans la visite qu'il fait au notaire. On s'explique, et on acquiert la conviction que ce dernier a été dupe d'une intrigante.

TRAIT DE BONHOMMIE.

Un escroc trouva moyen de s'introduire en plein jour dans la maison d'un apothicaire de Londres, et de parvenir jusqu'à la chambre à coucher sans être vu. Ayant fait un paquet des couvertures du lit, il fit un faux pas, et tomba avec sa charge. L'apothicaire accourt au bruit, et lui demande ce qu'il veut. « C'est, monsieur, répond le voleur, la garniture du lit que vous avez acheté ce matin à un inventaire, que je vous apporte. — Je n'ai point fait cette emplette, répondit l'apothicaire. — Mon maître m'a cependant dit de l'apporter chez un apothicaire de cette rue ; mais puisque vous n'avez pas fait cette acquisition, il faut que j'aie mal entendu, et que ce soit pour un autre. Aidez-moi, je vous prie, à me charger du paquet. » L'officieux apothicaire y consentit volontiers, et ce ne fut que le soir qu'il s'aperçut du vol.

L'ESPRIT FAMILIER.

Croirait-on qu'en 1819, dans un chef-lieu de sous-préfecture, une femme qui a reçu quelque éducation, ait pu se laisser prendre à un piége aussi grossier que celui que nous allons décrire?

La nommée Thérèse Nantas, après avoir pendant quelque temps fréquenté la maison de la dame ..., propriétaire à Chaumont, département de la Haute-Marne, où elle s'était présentée sous les dehors les plus honnêtes, feignit tout-à-coup, au mois de juillet dernier, d'apercevoir un signe mystérieux sur le front de la maîtresse de cette maison. « Vous avez, lui dit-elle, le n°. 15 entre les yeux; votre fortune est assurée si vous mettez à la loterie; mais il faut 240 francs. » Cette somme paraissant exhorbitante, elle s'empressa de prévenir les observations qu'on s'apprêtait à lui faire, en disant : «Ce n'est pas vous qui mettrez les 240 francs, je les mettrai pour vous. » Puis, elle se donna pour une personne de distinction, sœur d'un capitaine de vaisseau, possédant de grands secrets qu'elle avait acquis dans les îles, ajoutant qu'elle était chargée de soulager la veuve et l'orphelin ; enfin elle détermina cette trop crédule personne à se rendre chez elle. Mais alors, pour que le charme opérât, il fallait qu'on ajoutât 30 francs aux 240 de la nouvelle sibylle. Pour ôter toute espèce de soupçon, la femme Nantas convint qu'elle ne toucherait pas l'argent, et qu'il serait remis à un *esprit familier* dévoué à ses ordres : après plusieurs expériences qui n'avaient pas réussi, la femme Nantas imagina de jeter dans un chaudron rempli de jus d'herbes les 270 francs enveloppés dans du papier, fit réciter à la personne qu'elle voulait duper une oraison *larmoyante*, en disposant les choses de manière que cette personne eut le dos tourné, et alors il fut facile à la *sor-*

cière d'escamoter l'argent. Après l'avoir fait, elle parut transportée d'un saint délire, et annonça que le charme avait opéré. Elle ne remit pas, toutefois, le billet de loterie sur-le-champ, parce que, disait-elle, elle avait encore à travailler jusqu'à la nuit du samedi au dimanche, époque à laquelle *l'ange devait lui apporter les numéros*. Ces numéros n'arrivèrent point, et la femme Nantas, après avoir fait encore une dupe, partit sans rien dire. Arrêtée à Châtillon, elle vient d'être condamnée, par le tribunal de police correctionnelle de Chaumont, à 18 mois de détention, pour délit d'escroquerie.

LA PRISE DE TABAC.

Un rusé coquin rencontrant sur le Pont-Royal un porteur d'argent, lui demanda s'il n'appartenait pas à un banquier de ses amis qu'il lui nomma; le porteur répondit que non. « J'en suis fâché, reprit l'autre, j'ai coutume de me servir des porteurs d'argent de mon ami ; mais vous me paraissez un bon enfant ; de quel côté allez-vous ? j'aime mieux que vous gagniez ce voyage qu'un autre. » Ce scélérat continua, chemin faisant, de dire au porteur qu'il pourrait le charger des sommes qu'il avait à recevoir ; et en suivant le quai des Théâtins, il lui présenta une prise de tabac. Le malheureux porteur, enchanté d'une telle politesse, ne tarda pas à ressentir les effets de la poudre empoisonnée ; ses jambes chancelèrent, et il était sur le point de perdre connaissance, lorsque le traître qui l'accompagnait le fit entrer dans un cabaret, et dit au maître que son porteur s'était enivré, mais qu'il recommandait qu'on en prît soin, jusqu'à ce qu'il eût cuvé son vin. L'on s'empressa d'autant plus à lui obéir, qu'il mit un écu dans la main du garçon, et le chargea d'aller lui chercher un fiacre. Cette voiture étant arrivée, il y monta, fit mettre devant lui le sac d'argent dont était chargé le porteur, et disparut pour toujours.

LE COMPAGNON DE VOYAGE.

Un Anglais de distinction, qui venait en France pour se guérir de la consomption, fut abordé au sortir du paquebot par un soi-disant compatriote, qui lui demanda s'il avait intention de se rendre à Paris, ajoutant que dans ce cas il serait charmé de faire route avec lui, à moitié frais. Le premier ayant accepté, l'inconnu lui offre encore de se charger de tous les déboursés, jusqu'au terme de leur voyage, et qu'alors ils compteraient ensemble. Une telle proposition ne pouvait qu'inspirer la confiance, et sir*²* ne fit aucune difficulté d'y accéder. Tout se passa à merveille; arrivés à Paris, les deux voyageurs soldèrent leurs comptes, et se séparèrent très-contens l'un de l'autre. Mais à quelques jours de là, tous les deux furent arrêtés et conduits en prison. Le motif de cet événement imprévu, était que le caissier voyageur avait satisfait aux dépenses de la route avec des écus fabriqués à Birmingham, et il fallut l'intervention d'un témoignage aussi respectable qu'authentique pour persuader que son compagnon de route n'était pas son complice.

LE MÉRIDIEN A CANON DU PALAIS-ROYAL.

Si quelqu'un mérite à Paris le surnom de musard, c'est bien le jeune Frédéric R...: je n'en donnerai qu'un exemple qui ne l'a point corrigé, quoiqu'il lui ait coûté assez cher.

Frédéric est à la piste de tous les événemens, et la moindre chose est un événement pour lui. Quand on plaça dernièrement un méridien à canon dans le grand carré du Palais-Royal, il s'informa soigneusement du jour où le travail serait terminé, pour entendre la première détonation de cette pièce d'artillerie si intéressante à ses yeux.

Bien instruit de ce qu'il désirait de savoir, il se trouva dans le jardin à onze heures moins un quart, fit vingt fois le tour du grillage, consulta plus de cent fois sa superbe montre à répétition garnie d'une chaîne et de je ne sais combien de cachets en or, s'accosta d'une jeune et jolie demoiselle qui probablement avait aussi dans le jardin quelque affaire importante, disserta longuement avec elle sur la cause physique de l'embrasement que peut produire un verre présenté à un soleil ardent, et dès qu'il vit midi près de sonner, se plaça tout près du grillage, précisément derrière le méridien. Mais Frédéric et tous ceux qui l'entouraient avaient compté sans leur hôte : midi sonna partout, et le soleil, maîtrisé par des nuages légers, qui interceptèrent ses rayons, ne porta sur la lumière du canon qu'une lueur blafarde, incapable d'y mettre le feu. « J'ai prévu cet inconvénient, dit Frédéric ; et ne voulant pas qu'à son début le canon du Palais-Royal manquât de saluer midi, j'ai apporté tout ce qu'il fallait pour lui en donner les moyens. » Aussitôt il tire de sa poche un briquet, attache de l'amadou à l'extrémité inférieure de son bambou, l'allume, et allongeant le bras, parvient à diriger sur la lumière de la pièce cette mêche de nouvelle fabrique, qui se consume presque toute avant de produire son effet. Cependant la compagne de l'artilleur *impromptu* se fatiguait à l'encourager par ces mots souvent répétés : « Ça prendra, ça prendra ! » A la fin la poudre s'enflamme, la détonation à lieu, et l'adroite coquine de s'écrier : « C'est pris ! » La foule d'applaudir. Frédéric veut consulter sa montre, pour savoir de combien l'explosion s'est trouvée en retard ; elle a disparu précisément au mot *c'est pris*, et passé des mains de la donzelle dans celle d'un de ses affidés qui se tenait à portée pendant l'expérience. Le jeune musard accuse la dame de la soustraction ; sûre de son fait, elle demande qu'on la fouille ; et Frédéric, qui sent l'impossibilité de la convaincre, se retire avec un succès de plus et une montre de moins.

―――――――――

LA CHEMISE A L'ESSAI.

Un homme se présente un soir dans une boutique de lingère où la demoiselle de comptoir était seule. « Je voudrais, dit-il, avoir, pour mon épouse, une douzaine de chemises de toile de Hollande superfine. » La demoiselle le fait asseoir, lui montre en effet ce que le magasin renferme de plus beau, assortit la douzaine ; la lui fait un prix sur lequel il marchande, et tombe enfin d'accord avec lui à 230 francs. Notre homme tire sa bourse bien garnie de louis, commence même à les compter; puis, comme par réflexion : « Ma femme est fort-grande ; dit-il, et grosse à proportion ; je crains que ces chemises ne soient trop courtes, et trop étroites. — Oh! monsieur, c'est ce que nous avons de plus ample ; madame votre épouse ne peut être plus grande que moi. — Ma foi! c'est précisément votre taille, mademoiselle : elle est, comme vous le voyez, belle femme ! » La marchande à ce compliment s'incline. « Eh bien! monsieur, reprend-elle, je mettrais cette chemise par-dessus mes vêtemens. — Pas possible ! oh ! faites moi ce plaisir, pour me convaincre de la bonté de mon achat. ». Pendant ce dialogue, la bourse était rentrée dans le gousset. La complaisante demoiselle prend une des douze chemises et la passe en effet par-dessus sa robe. Le chaland, sous prétexte de vérifier la longueur, l'attache lestement avec une épingle au bas du jupon, de sorte qu'en la retirant, la marchande se trouve la tête voilée aux dépens du reste. Tandis qu'elle cherche à se dépêtrer, le gaillard prend sous ses bras les onze chemises qui restaient, ouvre la porte, et court encore.

LES MARCHANDS DE LAPINS.

C'est la chose la plus ordinaire, aux environs de Londres, lorsqu'on voyage en chaise de poste, de voir tout-à-coup arriver auprès de soi un homme à cheval, qui se présentant à la portière, vous demande d'un ton assez poli, la bourse ou la vie. Un gentleman qui venait de recevoir une somme de 500 liv. sterl., vit ainsi aborder sa voiture vers la fin du jour, par un homme qui s'y prit d'une autre manière. Milord, dit-il, j'ai un lapin à vous vendre. — Que voulez que j'en fasse ? — Ce qu'il vous plaira ; mais je veux le vendre, et le prix est 500 liv. » Le voyageur entendit ce que cela voulait dire, d'autant mieux que l'argument était appuyé d'un autre encore plus irrésistible, un fort pistolet d'arçon. Il se résigna donc, donna la somme, et prit en soupirant le lapin, qu'il trouvait un peu cher. A quelque temps de là, le gentleman passant dans une rue de Londres, crut reconnaître son marchand de lapins dans la personne d'un gros réjoui qui se caressait le menton sur la porte de sa boutique. Il va aux informations, et confirmé dans ses soupçons, son premier soin est d'acheter un lapin au plus prochain marché ; puis entrant dans la boutique, sous prétexte d'acheter quelque chose, il demande à entretenir le maître en particulier : Quand ils sont seuls : « Monsieur, dit-il, j'ai un lapin à vendre ; » et le tirant de sa poche, il ajoute : « Le voici. J'en ai payé un à-peu-près semblable 500 liv. sterl., celui-ci en vaut 600. — Le bourgeois un peu déconcerté, mais se remettant bientôt, s'écrie alors : Que je suis aise de pouvoir m'acquitter envers vous ! sans vous, sans cette cette somme de 500 liv. sterl., j'étais ruiné. Mes affaires se sont rétablies ; j'ai depuis recueilli une succession considérable, je vous prie d'accepter le double de la somme. Alors le voyageur se contentant du recouvrement de ses 500 l. ster., se retira très-satisfait.

QUATRE DUPES POUR UNE.

Un homme vêtu d'un uniforme bleu, gâlonné en argent, se présenta vers les huit heures du soir à un hôtel garni, et se fit donner une chambre; il demanda ensuite un homme de confiance pour aller chercher ses malles au bureau de la diligence; on lui représenta qu'il était trop tard, que le bureau serait fermé, et il remit la commission au lendemain. Mais comme il trouva qu'il aurait le temps, avant souper, d'aller faire un tour dans Paris, il voulut avoir un carosse de remise, et se fit conduire dans une de ces maisons consacrées aux plaisirs des libertins. Il en sortit peu après avec une femme élégamment mise, qu'il mena chez un horloger, sous le prétexte de lui faire présent d'une double boîte pour sa montre. La jolie nymphe, accoutumée à être complaisante, laissa sa montre pour qu'on y ajustât cette double boîte, et se rendit avec l'inconnu à l'hôtel où il devait loger. Il commande un souper délicat; et tandis qu'on l'apprête, il veut donner à sa facile compagne de nouvelles preuves de sa générosité; il fait venir un bijoutier du voisinage, afin de changer les bracelets et les boucles de la dame, pour des bijoux plus précieux, et il ôte lui-même les ornemens qu'il va remplacer. Le choix étant décidé, il ouvre la fenêtre, et crie qu'on lui apporte de l'argent blanc pour deux doubles louis; on tarde à venir; il a l'air de s'impatienter, il descend en paraissant de mauvaise humeur, quoique le bijoutier veuille lui épargner cette peine. Le marchand et la beauté peu cruelle attendirent son retour pendant une demi-heure; commençant à s'impatienter, ils descendirent eux-mêmes : l'homme à l'uniforme bleu n'était qu'un effronté filou, qui avait pris la fuite, après avoir enlevé adroitement l'argenterie qui était sur la table où l'on devait lui servir le souper.

En chemin faisant, il passa chez l'horloger pour reprendre la montre qu'il y avait fait laisser. Ainsi, la courtisanne en fut pour sa montre, ses boucles et ses bracelets; le bijoutier pour plusieurs paires de boucles; le traiteur pour son souper et son argenterie, et le propriétaire du remise pour le loyer de sa voiture.

LE DOUBLE COMMERCE.

Un honnête Allemand fut arrêté à Londres par un voleur qui lui prit sa montre, et deux guinées qu'il trouva sous sa main. Le coup fait, le fripon s'éloigne en souhaitant poliment une bonne nuit à sa dupe. L'Allemand s'aperçoit qu'on lui a laissé sept guinées; il regrette sa montre, et imagine de la racheter; il rappelle le voleur, et lui offre noblement sept guinées, s'il veut lui vendre *son petit horloge*. « Bien volontiers, lui dit celui-ci, en faisant l'échange. » Ensuite lui portant le pistolet sur la gorge : « Un mot de plus, monsieur. Je vous ai vendu votre montre, à présent je vous la vole : c'est mon métier. »

NE DÉFIEZ PAS UN NORMAND!

Un plaideur normand ne parlait que de procès, ruses et stratagèmes du palais. Un homme de bonne foi qui l'écoutait lui dit : Quelque Grec que vous soyez dans la procédure, je vous défie de m'intenter jamais un procès. Le Normand releva le défi; il fit assigner son homme aux fins de se voir condamner à lui payer deux boisseaux de pois qu'il lui avait vendus et livrés : le défendeur comparut par devant le juge; il nia, et dit en se moquant : « Il m'a livré autant de pois que de fèves. — Acte de sa déclaration et de sa confession, reprit le Normand; j'avais oublié les fèves. » Le défendeur fut condamné à lui payer deux boisseaux de pois et deux boisseaux de fèves.

LE VOLEUR CONTRIT.

Un ministre anglican, qui conduisait un voleur à Tyburn (1), lui demandait s'il n'était pas bien repentant des vols qui le conduisaient au gibet?... « Hélas! oui, lui dit ce dernier : mais bien plus encore de ce qu'ils n'aient pas été assez

_____

(1) C'est le lieu des exécutions à Londres.

considérables pour me mettre en état de corrompre mes juges.

LE VOLEUR DÉPOUILLÉ.

Un frère quêteur, aussi fin que vigoureux, est abordé, dans un bois qu'il fallait traverser pour retourner à son couvent, par un homme qui, lui présentant un pistolet, le force à lui remettre le produit de sa quête, et lui tourne les talons. « Un moment, s'il vous plaît, mon frère, lui crie le moine; vous ne voulez pas, sans doute, que je passe pour avoir frustré le couvent de sa recette; faites-moi le plaisir de tirer un coup de pistolet dans ma robe, pour que je puisse prouver qu'on m'a fait violence. — Je le ferais volontiers, mon père, si mon arme était chargée. — Ah! ton arme n'est pas chargée! »

A ces mots, le frère saute sur le voleur étonné, le rosse d'importance, et lui reprend non-seulement le produit de la quête, mais encore tout l'argent que le coquin avait sur lui. Il le quitte ensuite, en lui souhaitant une meilleure chance et plus de finesse pour une autre fois.

LES PENDANS D'OREILLE.

Une dame ayant de superbes boucles d'oreilles, et se trouvant au spectacle de Coven-Garden, en face de la reine, crut s'apercevoir que sa Majesté les remarquait, et ne manqua pas de remuer beaucoup la tête, pour faire briller tout le feu de ses diamans. Le moment d'après on frappe à la porte de sa loge. Un homme bien mis se présente, et s'adressant à elle, lui dit que la reine, ayant remarqué la beauté de ses girandoles, la fait prier de lui en prêter une un moment pour la voir de plus près. La dame aussitôt detache avec empressement une de ses boucles, et la remet au prétendu porteur de la commission qui ne reparaît plus, et qu'elle n'aperçoit point auprès de la reine pendant le reste du spectacle Elle ne doute plus alors qu'elle n'ait été volée, et va porter ses plaintes à la police. Le lendemain matin, de très-bonne heure, un homme se disant officier de police demande à lui parler; et lui montrant la marque distinctive de son état, lui annonce que sa girandole est retrouvée parmi plusieurs autres vols de cette espèce, et que, pour ne point commettre d'erreurs, il la prie de lui remettre tout de suite la pareille pour la confronter. Cette dame, qui ne pouvait sortir dans ce moment, étant dans le plus grand déshabillé, se hâte de la donner, en se confondant en remercîmens, et s'extasiant sur l'honnêteté et la diligence du magistrat. Mais le prétendu officier de police n'était qu'un adroit fripon, associé du premier : et la dame trop crédule perdit ses deux boucles d'oreilles, par un double excès de confiance.

L'ECHANGE.

Un curé, monté sur une haridelle, retournait à son presbytère. A deux lieues environ du terme de son voyage, il rencontre un cavalier porté par un superbe cheval richement harnaché, qui contrastait singulièrement avec celui du bon ecclésiastique. L'inconnu ôta respectueusement son chapeau : « Vous paraissez connaisseur, monsieur l'abbé, lui dit-il; et vous admirez la beauté de cet animal, parce que sans doute vous êtes bon écuyer. Pour moi, qui sais à peine me tenir à cheval, j'enrage d'avoir pris cette maudite bête, dont l'allure trop vive m'effraie autant qu'elle me fatigue. Je crois que j'aimerais mieux le vôtre qui me paraît infiniment plus doux. — Oh ! c'est en effet la meilleure bête du monde ! pour le caractère s'entend ; car pour le travail, je vous assure qu'il n'en prend qu'à son aise. — C'est précisément ce que j'aime ; et tenez, monsieur l'abbé, combien me donnez-vous ? j'en fais avec vous l'échange. »

Le marché fut conclu à dix louis de retour. M. le curé, qui revenait de toucher sa pension au chef-lieu, paya comptant, sauta légèrement en selle, et déjà piquait des deux, quand le vendeur le rappelant, le pria d'attendre qu'il lui eût remis un mot d'écrit pour l'auberge d'un village qui se trouvait sur sa route. L'honnête ecclésiastique s'en chargea d'autant plus volontiers, qu'il connaissait l'aubergiste. Après cet arrangement, on se sépara. L'inconnu s'éloigna de toute la vitesse de son mauvais cheval; et le curé, fier de son acquisition, galopa droit à l'auberge, où il remit fidèlement son billet qu'il avait eu la délicatesse de ne point lire, quoiqu'il n'eût pas été cacheté. Quels furent sa surprise et son désapointement, quand il entendit la lecture de cet écrit, ainsi conçu :

« Monsieur le curé de. . . . . a la complaisance de se charger de vous remettre un cheval que j'avais, par suite d'une gageure, pris tout sellé à la porte de votre auberge.

Recevez mes excuses et mes salutations. »

Signé CHERCHEQUI.

LA QUESTION.

Un filou se mit à genoux dans une église auprès d'un financier. Il s'était attaché deux mains de cire qui, sortant de dessous son manteau et se joignant ensemble, étaient élevées vers le ciel. Il roulait les yeux dévotement, et semblait prier Dieu avec beaucoup de ferveur. Pendant ce temps-là une de ses mains travaillait dans la poche de son voisin : mais quelque délicate que fût cette opération, le financier s'en aperçut; et, ayant jeté les yeux sur le filou, lui demanda : « Monsieur, dites-moi, je vous prie, où est la main qui dérobe ? »

ON POUVAIT L'EN CROIRE.

Au commencement d'avril 1819, un jeune homme de vingt ans, traduit pour filouterie devant la cour d'assises à Londres, s'avoua l'auteur d'un nombre si prodigieux de vols, que l'on crut d'abord entendre l'histoire d'une bande entière. Interpellé de déclarer si c'était réellement lui qui avait commis tous ces délits : « Oui, répondit-il, c'est moi; moi seul ! *sur mon honneur* !!!

LA TROUVAILLE.

Le 21 octobre 1818, à 11 heures du matin, Jean Balès, dit Marquis, voyant passer sur la place Louis XV le sieur Dicton, ancien militaire, âgé de 82 ans, l'accosta, quoique n'en étant nullement connu, et lui demanda quelle heure il était : le vieillard tirant aussitôt sa montre, lui dit l'heure, et continue son chemin. Suivi par cet individu, à peine ont-ils fait ensemble quelques pas, que Louis Baillet se présentant à eux, ramasse ou feint de ramasser une bourse de soie verte, contenant, dans un papier bleu scellé de trois cachets, une bague garnie de plusieurs brillans; plus un écrit portant pour adresse : « A madame de Rocfort, princesse anglaise;» et conçu en ces termes : « Madame, je vous envoie votre bague d'or fin de Paris, enrichie de diamans, telle que vous me l'avez commandée à votre dernier voyage, et qui se monte à 3,500 fr., que j'ai reçus comptant de votre homme d'affaires, et dont je donne quittance. *Signé* Lebon, bijoutier. » A la vue de ce bijou, Balès et le sieur Dicton, qui ont aperçu en même temps que Baillet la bourse dans laquelle il était déposé, réclament entre eux le partage de sa valeur. Ce dernier soutient que la plus forte partie doit lui revenir, et offre de leur donner à chacun une somme de 900 francs, qu'il va, dit-il, chercher à son domicile. Avant de partir, il laisse la bague entre les mains de Balès ; mais exige des gages qui lui répondent qu'on attendra son retour. Balès donne une montre d'argent, le vieillard donne également la sienne, et il y joint une somme de 180 francs; Baillet, nanti de cette somme, ainsi que des deux montres, disparaît aussitôt, laissant, sur la place Louis XV, les sieurs Dicton et Balès, qu'il doit rejoindre avec 900 fr. pour chacun. Peu d'instans après le départ de Baillet, Balès, bien certain que ce dernier ne reviendra pas, disparaît à son tour, sous prétexte de courir après, pour retirer de ses mains le reçu du bijoutier : il emporte en même temps la bague; et Dicton, dupe de ces deux escrocs, attendit leur retour jusqu'à deux heures de l'après-midi.

Ces fripons, arrêtés depuis, furent condamnés à cinq ou six ans de détention.

QUI A TERME NE DOIT RIEN.

Un ecclésiastique scrupuleux, allant à la campagne, fut attaqué par un voleur qui lui vola son manteau et le laissa poursuivre son chemin. Le bon ecclésiastique, moins touché de sa perte que de celle de l'ame du voleur, le rappela et lui dit qu'il lui donnait le manteau qu'il lui avait volé : « Puisque vous êtes dans votre quart-d'heure de libéralité, reprit le voleur, j'en profiterai. » Il lui ôta son habit; l'ecclésiastique, qui sentit le froid, sentit aussi refroidir sa charité, et dit au voleur que pour son habit il ne le lui donnait point, et qu'il lui en ferait rendre compte en l'autre monde. « Puisque vous me faites crédit jusques là, reprit le voleur, je vais prendre aussi votre bourse, » et il le dépouilla tout-à-fait.

DEUX TOURS POUR UN.

Un homme étant au parterre de la Comédie Italienne, sentit un mouvement à ses côtés, qui lui fit craindre qu'on ne vînt de lui prendre sa boîte d'or, il chercha promptement à s'éclairer de la vérité du fait, et vit avec douleur qu'il ne s'était point trompé. La mauvaise mine d'une homme qu'il aperçut près de lui fit tomber ses soupçons directement sur le voleur. Aussitôt il le saisit par le bras, et lui dit à l'oreille, dans la crainte de troubler le spectacle : « Vous venez de m'escamoter ma boîte d'or ; rendez-la-moi, sinon je vous fais arrêter par la garde. — Si vous faites du bruit, vous me perdez, répond le voleur en tremblant ; il est vrai que je vous ai subtilisé votre boîte ; mais faites-moi le plaisir de la reprendre vous-même dans ma poche, afin que les personnes qui nous entourent ne s'aperçoivent de rien. » L'honnête homme se prêta bonnement au désir du filou. Mais à peine se fut-il mis en devoir de le contenter, que celui-ci cria de toutes ses forces au voleur ! On crut aisément qu'il avait raison, en voyant que la main d'un de ses voisins s'était en effet introduite dans sa poche. La garde arriva sur le champ, et se saisit de l'honnête homme, très-confus de sa simplicité. Mais le filou fut découvert, pris et puni de son effronterie.

LE DIABLE.

Un nègre, au service d'un riche propriétaire, revenant vers la brune au château de son maître, rencontre un paysan qui se livrait au désespoir : il apprend que cet homme vient d'être dépouillé par deux autres de son habit, et volé de l'argent qu'il portait. Emu de compassion, il s'informe du chemin qu'ils ont pris; aussitôt il quitte ses vêtemens, les confie à la garde du paysan, et part comme un trait. Ayant atteint les voleurs, il leur crie de toutes ses forces : « Coquins ! rendez l'argent que vous avez pris à un malheureux, ou je vous précipite dans l'enfer ! « Cette menace, prononcée d'une voix terrible, la noirceur du corps du personnage, les approches de la nuit, l'effroi qui poursuit sans cesse les coupables, troublent les deux brigands; ils s'imaginent voir le diable, ils le supplient de ne point s'approcher d'eux, vident leurs poches, jettent tout à terre, et s'enfuient à toutes jambes. Le nègre ramasse l'habit et l'argent abandonnés, et les rapporte au villageois, qui y trouve deux pièces d'or, et sept d'argent de plus que ce qu'on lui avait volé. Le paysan les offrit à son libérateur, qui eut la générosité de les refuser, et continua sa route.

Il est aisé de voir que cette anecdote remonte à une époque déjà bien éloignée, nos filoux modernes sont plus aguerris, et n'ont pas la moindre peur du diable.

COLIN-MAILLARD.

Quatre chevaliers d'industrie ayant fait grande chère dans un cabaret, firent monter un garçon cabaretier, et arrêtèrent avec lui le prix du repas qu'ils avaient pris; le premier feignit de mettre sa main à la poche; le second le retint et dit qu'il voulait payer; le troisième fit la même grimace. Le quatrième dit au garçon : « Je vous défends de prendre l'argent de ces Messieurs. » Comme personne ne voulait céder, l'un dit : « Pour nous accorder, il faut mettre un bandeau sur les yeux du garçon cabaretier : celui de nous qu'il prendra paiera l'écot. » On exécute cette proposition. Tandis que le garçon tâtonnait dans la chambre, ils défilèrent l'un après l'autre. Le maître monte, notre colin maillard accourt à lui, et en le serrant étroitement, il lui dit : « Ma foi ! ce sera vous qui paierez l'écot. »

LA GAGEURE.

Un maître filou, ayant volé une bourse, courait de toutes ses forces. Il se trouva sur son chemin un homme qui voulut lui barrer le passage : « Laissez-moi, lui dit le gaillard; c'est une gageure. » Le passant eut la bonté de le croire, et le voleur s'échappa.

IL EN AVAIT DE BEAUX RESTES!

Un jeune homme avait été voleur en Angleterre pendant plusieurs années : ayant échappé à la vigilance de la justice, et fatigué d'une vie si périlleuse, il prit la résolution de devenir honnête homme, et se retira, à cet effet, chez un riche fermier, qui le reçut pour domestique. Il n'y fut pas long-temps sans s'attirer l'estime de son maître, dont il reçut des récompenses proportionnées à ses bons offices. Un jour étant seul avec lui, il lui conta différens vols qu'il avait faits. Son maître n'en voulut rien croire; il lui dit qu'il espérait lui donner sous peu des preuves de son habileté dans l'art de la filouterie, ce qu'il effectua quelques jours après. Un garçon boucher étant venu chez ce fermier pour y acheter un mouton, il chargea l'animal sur ses épaules, après lui avoir attaché les pieds. Ce que voyant ce domestique, il dit à son maître que, s'il voulait le lui permettre, il irait enlever ce mouton à ce garçon, sans qu'il s'en aperçût. Le maître croyant la chose impossible, lui en donna la permission.

Aussitôt ce jeune homme court chercher une paire de souliers, et devance le garçon boucher. Arrivé sur le grand chemin, il y jette un de ses souliers, et va placer l'autre à 300 pas de là. Le boucher, au premier endroit, voit ce soulier et regarde autour de lui pour trouver l'autre; ne le voyant pas, il le laisse, mais il est bien surpris de le trouver plus loin. Fâché de n'avoir pas ramassé le premier, il se détermine à retourner sur ses pas; mais comment le faire, chargé d'un poids sous lequel il succombe? Rien de si simple que de s'en débarrasser, et d'aller chercher l'autre soulier : pendant ce temps le jeune homme, qui était aux aguets, enlève le mouton et le reporte chez son maître, sans lui dire de quelle manière il s'y était pris. Le garçon boucher, de retour à l'endroit où il avait laissé son mouton, se lamente sur la perte qu'il vient de faire; et prévoyant que son maître le chasserait, s'il ne lui en apportait pas un autre, il retourne chez le même fermier, lui fait part de son malheur, et le supplie de lui vendre un des moutons, qu'il lui paiera sur ses gages. Le fermier ne se fait pas prier, et lui vend le même mouton. A peine ce garçon est-il sorti, que le filou dit à son maître qu'il gagerait de le lui enlever encore. Le fermier, trouvant la chose plus difficile, lui promet une récompense, s'il vient à bout de son dessein (sans cependant avoir envie d'en profiter). Le jeune homme, assuré de son fait, court se cacher dans le bois qu'il fallait traverser, et y attend son homme au passage. Quand il le vit près de lui, il se mit à crier : « Bay.... bay... bay... » et le fit si bien, que le boucher s'imaginant que le premier mouton s'était sauvé dans le bois (ne réfléchissant pas qu'il avait les quatre pattes liées), n'a rien de plus pressé que de courir après; mais ne pouvant entrer dans les broussailles avec son mouton sur ses épaules, il le met avec la plus grande confiance dans un fossé, et court à l'endroit d'où partaient les cris. Le ci-devant filou le voyant enfoncé dans le taillis, en sort, et se saisit pour la seconde fois du mouton. La dupe, après avoir bien cherché, revient à l'endroit où il avait laissé le mouton, et ne le trouvant plus, il s'aperçoit enfin qu'il a été dupe de son imprudence, et retourne chez son maître à qui il conte sa double aventure; mais celui-ci était prévenu : car, d'après l'ordre du fermier, le mouton venait d'être rapporté par l'honnête fripon, qui avait ainsi gagné sa gageure au dépens du garçon boucher.

LES DÉSERTEURS.

Demandez à M. le Directeur général des contributions indirectes, si la contrebande n'est pas une espèce de vol; vous verrez, par sa réponse, que le trait suivant n'est pas tout-à-fait déplacé dans ce recueil.

Des contrebandiers firent choix d'un voiturier qui avait l'air ingénu, mais qui était madré dans le fond, pour passer leurs marchandises; cet homme conduisait tranquillement sa charette, chargée de plusieurs coffres où la clef était à la serrure; sur ces coffres on avait mis des matelats, des lits et autres meubles. Le voiturier aprochant de Paris, fut d'abord arrêté à la première barrière par les commis, qui lui demandèrent s'il n'y avait point de contrebande dans ses coffres. Voyez, messieurs, dit-il d'un air ingénu, je ne cherche pas à vous tromper. Il les laissa fouiller sans les regarder ; les commis trouvèrent dans les coffres des étoffes de Perse et des indiennes ; ils virent que le voiturier n'était point étonné, ils le crurent dans la bonne foi et se félicitaient cependant de leur prise. Ils lui demandèrent où il allait conduire sa voiture ? Il leur cita une rue dans le faubourg Saint-Germain, et un nom en l'air qu'il donna au maître prétendu des marchandises, logé, disait-il, dans cette rue. « Il faut d'abord, lui dit l'un des commis, conduire la voiture à la douane », et ils firent escorter la charrette par deux d'entre eux. Le voiturier feignant de ne rien comprendre à cela, partit avec l'escorte. Quand on eut perdu de vue le bureau des commis, voilà six soldats aux gardes qui paraissent ; ils s'approchent des commis, les regardent au visage, et tout d'un coup feignent de les reconnaître pour des déserteurs : « Ah ! dirent-ils, voilà nos gaillards que nous cherchons depuis si long-temps ! Messieurs les déserteurs, vous ne nous échapperez point. » En disant cela, ils se saisirent des deux commis malgré leurs protestations, les conduisirent à la prison, où ils les firent écrouer comme des déserteurs. Pendant ce temps-là, le voiturier eut le temps de conduire sa voiture au lieu de sa destination, et il entra ainsi dans Paris pour plus de cent mille livres de marchandises de contrebande mêlées avec d'autres.

LE PARALYTIQUE.

Un homme imagina un plaisant moyen pour faire entrer du tabac en contrebande. Il en arrangea un grand nombre de carottes de manière qu'elles avaient la forme extérieure d'un homme. Il habilla ensuite le fantôme : rien n'y manquait, bas, souliers, chemise, pantalon et gilet, le tout recouvert d'une vaste houppelande. Le visage, aussi bien que les mains, était de cire, imitant parfaitement le naturel ; une perruque et un chapeau complettaient le costume. Deux grands valets, qui avaient de belles livrées, le portaient comme un paralytique sans mouvement qu'on ramenait chez lui, et qui venait tout d'un coup d'être saisi d'un mal extraordinaire; ils passèrent ainsi leur contrebande à la barbe des commis.

LA QUÊTE.

Un jeune homme traversait à cheval un des villages nouvellement bâtis sur l'emplacement de l'ancienne forêt d'Enfield. Il arriva dans un canton où s'ouvrait pour la première fois une chapelle de Méthodistes. Ayant appris qu'il devait s'y faire une quête, il attendit que le service divin fût commencé, descendit de cheval, entra dans la chapelle et écouta le sermon avec beaucoup de dévotion. Le discours terminé, il tire sa bourse, met une guinée dans son chapeau, et va faire très-dévotement la collecte. Les bonnes ames émues et animées par son exemple, se livrèrent à leurs dispositions charitables, et mirent à l'envi dans le chapeau ; bref, quelque extraordinaire que la conduite de cet étranger parût à tout le monde, on le laissa faire. Le ministre même, qui attribua ce zèle à une conversion subite du quêteur, et lorgnait le pécule qui, à chaque instant, grossissait dans le précieux chapeau, ne s'y opposa point. Mais quelle fut la surprise de cette congrégation de fidèles, lorsqu'ils virent le nouveau converti gagner la porte de la chapelle, au lieu d'entrer dans la sacristie ! On eut beau lui crier de rapporter le produit de sa quête. « Non, répliqua-t-il, mes frères ; j'ai reçu volontiers ce que vous avez donné librement, et je le garde. » Remontant ensuite sur son cheval, qui était fort bon, il laissa les dévots crier après lui, et lui souhaiter selon la formule *an éternal damnation* (une damnation éternelle).

VENGEANCE D'UN FILOU.

Dans une ville de Normandie (à Domfront peut-être ; car si l'on en croit certain proverbe (1), cette ville était renommée en ce temps-là pour les exécutions précipitées), un coupeur de bourses qui avait été condamné au fouet, dit à l'exécuteur : «Frère, mon ami, traite-moi doucement, à la pareille. » Le bourreau, indigné de ce terme de pareille, ne l'épargna pas ; et l'autre, délivré de cette écorcherie, lui promit que tôt ou tard il lui en tiendrait compte, et ne manqua pas à sa parole. Deux ou trois ans s'étant écoulés, notre coupeur de bourses,

---

(1) « Domfront, ville de malheur, arrivé à midi, pendu à une heure ».

qui avait changé d'habit et de visage, revint dans la même ville où il avait été si bien étrillé ; et n'étant reconnu de personne, un jour de marché il vola adroitement une bourgeoise, et mit son vol dans le panier du bourreau qui faisait sa quête ; puis avertit la bourgeoise du vol qu'on venait de lui faire, et montrant le bourreau, lui dit tout bas : « Voilà votre homme, regardez bien dans son panier. » Elle se jeta aussitôt sur lui, et ayant trouvé dans son panier sa bourse, elle le fit mettre entre les mains des officiers de justice. Il fut convaincu du crime, et condamné à être pendu. Comme il n'y avait point de bourreau, on choisit celui qui se présenta le premier ; et celui même qui avait coupé la bourse accepta avec plaisir cette commission. Ayant conduit son patient au lieu de l'exécution, et étant prêt à le jeter, il lui dit tout bas :

« Te souviens-tu de m'avoir donné le fouet rudement, après que je t'avais prié de me traiter doucement, à la pareille ? C'est moi qui coupai la bourse et la mis dans ton panier. » Le patient s'écria : « Monsieur le greffier, un mot ; » mais l'autre aussitôt lui fit danser le branle des pendus ; et le greffier lui ayant demandé ce que voulait ce malheureux : « Bon, bon ! dit-il, ce serait perdre du temps que de l'écouter ; c'est un causeur. »

LE VIEILLARD COMPATISSANT.

Un seigneur d'un certain âge, passant en carrosse dans une rue peu fréquentée, aperçut une jeune personne d'environ 17 ans, fort bien mise et qui donnait les marques du plus violent désespoir. Touché de sa douleur, il fit arrêter la voiture, et pria cette aimable enfant de lui apprendre la cause de ses chagrins ; mais elle s'essuya les yeux, et s'efforça de paraître plus tranquille. Cédant enfin aux vives instances de l'estimable vieillard, elle lui conta, en versant un torrent de larmes, que son père marié en secondes noces, l'avait recommandée en mourant à sa belle-mère; mais que cette marâtre l'accablait des plus mauvais traitemens, au point qu'elle l'avait forcée de quitter la maison paternelle, et qu'elle ne savait que devenir. Le vieux seigneur, attendri, pria la jeune personne de monter dans son carrosse, et dit qu'il allait tâcher de faire sa paix avec cette femme injuste. La belle inconnue se fit beaucoup presser, et consentit enfin à se placer dans la voiture et à dire la demeure de sa belle-mère.

On arriva devant une maison d'assez

belle apparence, et le vieux seigneur fit demander un moment d'entretien à la dame. Elle le reçut dans une salle très-bien meublée, où il fut surpris de voir une femme qui avait une physionomie aussi distinguée qu'intéressante ; il lui raconta la rencontre qu'il avait faite de mademoiselle sa fille, lui représenta les conséquences de ne point la traiter avec douceur, et parvint à l'engager à mieux vivre avec elle.

La dame le pria de dîner avec elle, afin de mieux cimenter la paix. Il fit dire à ses gens de se retirer, et de venir le reprendre sur le soir; la dame le laissa un instant seul pour aller donner quelques ordres. Comme il se promenait de long en large dans la salle, il sentit un vide derrière la tapisserie; il la leva, et aperçut dans un enfoncement un cadavre sanglant étendu sur la paille. A cette vue, il connut le danger qui le menaçait, et se hâta de sortir de ce coupe-gorge. En traversant rapidement la cour, il vit arriver deux hommes de mauvaise mine, qui lui crièrent qu'on allait servir : mais il leur répondit, tout en courant, qu'il venait de se rappeler une affaire qui l'obligeait à se rendre promptement chez lui.

LES DEUX FONT LA PAIRE.

Un étranger ayant dépensé en peu de temps à Paris l'argent qu'il avait apporté, usa d'industrie pour s'en retourner chez lui aux dépens de quelque dupe : parmi les ruses qu'il imagina, il s'en tint à celle-ci. Le jour qu'il avait pris pour son départ, il envoya le matin chez un faiseur de bottes lui dire d'en apporter plusieurs paires pour en choisir une, ce qui fut exécuté sur-le-champ. Mon homme en ayant essayé plusieurs paires, ne trouva qu'une botte à son gré; il la retint, et dit au marchand d'apporter le lendemain l'autre telle qu'il la souhaitait. L'ouvrier ne fut pas plutôt parti, qu'il envoya chez un autre, dont il ne prit de même qu'une botte, se plaignant que l'autre était trop étroite, et lui disant d'en apporter une autre le lendemain qui le satisfît mieux. Le second faiseur de bottes s'étant retiré, notre escroc met les deux bottes, monte à cheval, et décampe à petit bruit. Le lendemain le premier ouvrier se rend à l'auberge à l'heure marquée; et apprenant le départ de son homme, fait grand bruit, il se désespère; le second arrive presque dans le même temps, tenant comme le premier sa botte en main ; et unissant ses cris à ceux de son confrère, ils font tous deux une scène qui divertit à leurs dépens les spectateurs. Se voyant dupés sans ressource, ils prirent sagement le parti d'aller au cabaret, où ils jouèrent apparemment à qui resterait les deux bottes.

IL EST NEUF, CELUI-LA !

Un adroit coquin, ayant vu des pièces d'or en grand nombre sur le comptoir d'un marchand mercier, se munit d'une assiette qu'il avait garnie par dessous avec de la poix. Il entre, et demande pour un son de moutarde, en posant brusquement son assiette sur le tas de pièces d'or. On lui répond qu'il est un imbécille, et que ce n'est point dans cette maison que l'on vend de la moutarde. Il retire avec précipitation son assiette dont le dessous se trouvait garni de pièces d'or, et s'en va, en disant : « On en vend ailleurs. »

LE NOUVEAU CONVERTI.

Au mois de novembre 1782, un particulier, qui entretenait une actrice, ayant épuisé tous les moyens connus pour subvenir à ses dépenses, vint trouver un Juif, dont le magasin était un des mieux assortis tant en soieries qu'en dorures. Le Juif voyant un superbe équipage s'arrêter à sa porte, s'empresse de descendre, et vient au-devant de l'étranger inconnu. Monsieur, lui dit celui-ci, mon oncle, qui est grand-pénitencier, désirerait avoir, pour une abbaye, de quoi faire un superbe devant d'autel, et les ornemens sacerdotaux assortis : il m'a assuré que vous étiez rond en affaires, je suis venu chez vous par préférence : c'est de l'or en barre; vous serez payé en livrant la marchandise. J'y mettrai cependant une condition : ma sœur, qui a beaucoup de dévotion à la vierge, me demande un pareil ornement en blanc; mais il faut que vous vous arrangiez de façon que je n'aie rien à débourser pour cet objet, ainsi que pour deux habits à mon usage. Si vous le trouvez bon (montrant un filou qui l'accompagnait), Monsieur, qui est mon tailleur, emportera l'étoffe chez lui. — Qu'à cela ne tienne, répond le Juif; je vous traiterai, Monsieur, en honnête homme; et en même temps il déploie ce qu'il a de plus riche dans tous les genres. Le chaland, comme on peut croire, n'hésite pas dans le choix, fait mettre à part plusieurs pièces de dorures, fait lever les ornemens pour la vierge et les habits, remet ceux-ci à son tailleur (au filou s'entend), en fait monter un autre qui était en grande livrée ; puis s'adressant au Juif : « Monsieur, dit-il, vous me donnerez un de vos commis pour m'accompagner jusque chez mon oncle, où vous recevrez votre argent. » Le soi-disant neveu du grand-pénitencier monte en voiture avec un des suppôts de l'Israélite, et celui-ci rit dans sa barbe d'avoir fait une aussi bonne journée aux dépens du bon Dieu et de la Ste.-Vierge. On arrive au cloître Notre-Dame : un des laquais descend, feint de parler au Suisse, et vient annoncer que le grand-pénitencier est au confessionnal, où le filou savait bien qu'il devait se trouver à cette heure-là. « Suivez-moi, dit le neveu au commis du Juif, je vais vous faire parler aussitôt à mon oncle. » A peine sont-ils entrés dans la cathédrale, que la voiture disparaît : le neveu va au confessionnal, s'approche du grand-pénitencier, en ayant soin de faire tenir l'Israélite assez loin pour qu'il ne puisse rien entendre. « Mad. la comtesse de***, dit-il, qui s'intéresse très-particulièrement à l'homme que vous voyez, vous prie, Monsieur, de vouloir bien l'entendre en confession : c'est un nouveau converti dont elle est marraine.... — A l'instant je suis à vous, répond le grand-pénitencier, (qui avait encore quelques pénitens à entendre) adressant la parole au Juif : le neveu offre à ce dernier de considérer en attendant les tableaux, et a grand soin de l'amuser pour donner le temps à ses complices de gagner aux champs. Le quart-d'heure de Rabelais approchait. Il ne restait plus qu'un vieux militaire. « Mettez-vous là, » dit le neveu au Juif, en lui montrant l'autre côté du confessionnal et se tenant derrière lui. A peine le fatal guichet est-il ouvert, qu'il disparaît.

« Monsieur, dit le Juif, je suis.... — Je sais qui vous êtes; dites votre *confiteor*... — C'est de la part de M. Aaron Moses. — Oui, je sais bien; madame la comtesse..... allons, mon enfant, commencez...... — Monsieur, voici M. votre neveu. » Celui-ci était déjà bien loin : le nouveau converti ne fait qu'un saut, ouvre brusquement la porte du confessionnal, s'emporte en invectives; le Suisse arrive et chasse à grands coups de hallebarde le commis d'Aaron Moses. On assure que jamais acte de contrition n'a été plus sincère que celui de cet Israélite, qui était bien éloigné de s'attendre à un tel dénouement.

LE MENDIANT ÉCLOPÉ.

Un vieux Monsieur, richement vêtu, se promenait la canne à la main dans les Champs-Elysées. Un homme, appuyé sur deux béquilles et traînant une jambe derrière lui, vient lui demander l'aumône d'un ton si pitoyable, que le vieillard attendri lui donne aussitôt une petite pièce blanche. « Comment, Monsieur, lui dit un homme qui se trouvait à deux pas, vous vous laissez duper par ce drôle ! prêtez-moi votre canne, vous allez voir qu'il court mieux que vous et moi. » Le Monsieur, sans réflexion, prête sa canne; le mendiant ne s'en aperçoit pas plutôt, qu'il jette ses béquilles et se met à courir comme s'il avait le diable à ses trousses; l'autre le poursuit; et chacun des spectateurs, le vieux Monsieur plus que les autres, de rire et de s'écrier : « Il l'attrapera, il ne l'attrapera pas. » Bref, tous deux disparaissent au bout de l'allée; et le seul attrapé dans cette affaire est le vieillard, qui n'a jamais revu le superbe jonc à pomme d'or, qu'un filou avait su lui escamoter sous le prétexte original d'en rosser un autre.

IL FAUT ETRE CONSÉQUENT.

Un homme comme il faut est accosté par un autre dans un jardin public; et ce dernier, après un moment d'entretien, lui propose du tabac. Je n'en prends jamais, lui répond l'autre, et j'ai cependant une assez belle boîte dont un prince m'a fait cadeau. En disant cela, il montre une superbe tabatière ornée d'un portrait entouré de diamans. L'inconnu prend la boîte, l'admire, et la rend au propriétaire qui la remet dans sa poche. Bientôt son compagnon le quitte, et un instant après, ayant fouillé dans sa poche, il n'y trouve plus qu'un morceau de papier où étaient écrits ces mots : « Quand on ne prend point de tabac, on n'a pas besoin de tabatière. »

LE VOISIN.

Une escroquerie d'un genre nouveau a eu lieu en juin 1819. Un individu bien mis se présente chez un cordonnier de la rue Saint-Jacques et lui commande une paire de bottes ; elles devaient être rendues le vendredi suivant. A l'époque convenue, ce particulier vient chez un marchand de vin presque en face du bottier, et lui dit : « Monsieur, je suis emménagé depuis peu de jours dans la maison vis-à-vis au troisième : ma femme est sortie, et je l'ai prévenue qu'elle trouverait la clef de notre appartement chez vous ; veuillez, s'il vous plaît, la garder. » Cet homme se rend ensuite chez le bottier, chausse les bottes, fait compliment à l'ouvrier sur la façon, et, en bon voisin, avant de lui payer sa nouvelle emplète, il l'invite à le suivre chez le marchand de vin. On apporte une bouteille et deux verres : il y en avait déjà une de vide lorsque l'amphitryon se lève, demande au marchand la clef de sa chambre, et sort comme pour aller chercher de l'argent. Le cordonnier reste seul; au bout d'un quart-d'heure, il commence à s'inquiéter; enfin, vérification faite, il se trouve que personne ne connaît l'individu dans la maison voisine. Le malheureux bottier perdit ses bottes, et paya en outre la dépense du cabaret.

L'HOMME AU CRACHAT.

Tout Paris a vu se promener, au Palais-Royal et dans les Tuileries, un gros négociant retiré des affaires, à qui sa morgue naturelle, jointe à la publicité de l'aventure ci-après racontée, a mérité le surnom d'*homme au crachat*.

Un jour, ce personnage, alors important, se pavanait dans la grande allée du jardin qu'a dessiné le célèbre Le Nôtre, lorgnant à droite et à gauche les individus de l'un et (peut être) de l'autre sexe, qui des deux côtés faisaient palissade. Tout en lorgnant, il met au jour une superbe boîte d'or enrichie de diamans, savoure une prise d'un tabac délicieux, et remet délicatement la tabatière dans une poche pratiquée à gauche de son habit, à la hauteur de l'estomac. Un promeneur, qui venait à sa rencontre, tire à ce moment du fond de son gosier une expectoration telle que jamais n'en eût pu produire le poitrinaire le mieux prononcé, et l'envoya avec force sur le revers de l'habit de l'homme comme il faut; il paraît en même temps s'apercevoir de son impertinence *involontaire*, court droit à l'offensé, tire de sa poche un superbe mouchoir de batiste, et faisant toutes les excuses imaginables, essuie le crachat de la main droite, tandis que la gauche, glissée en dedans de l'habit, le soutient et facilite le nettoyage qui s'opère on ne peut mieux : il se retire ensuite avec force courbettes. Environ un quart-d'heure après, le gros monsieur, en cherchant sa boîte, ne la trouva plus, et devina dès-lors, avec une profonde sagacité, que le cracheur n'était pas aussi maladroit qu'il avait feint de l'être.

LES GRECS MODERNES.

Les friponneries au jeu ne sont pas moins coupables que d'autres ; cependant on ne plaint pas aussi vivement les dupes qu'elles font, parce que c'est une passion honteuse qui aide à les précipiter dans le piége qu'on leur a tendu. Nous allons réunir ici quelques traits de ce genre.

Un joueur italien, qui était venu, il y a quelques années, à Paris, usait d'une rubrique fort simple, dont cependant on ne s'aperçut que quand il eut bien fait des dupes. Cet homme avait une tabatière d'or unie sur ses bords; lorsqu'il se présentait quelques coups décisifs, il prenait une prise de tabac, et posait sa boîte assez négligemment sur la table. Le moindre reflet de la tabatière lui suffisait pour connaître les cartes qu'il distribuait; et il jouait, par ce moyen, à coup sûr. Toutes ces petites ruses sont le secret des fripons, et ne peuvent par conséquent être trop divulguées.

LE FAUX NÉGOCIANT.

Pendant une foire de Beaucaire, deux Grecs qui (c'est le cas de citer le proverbe) s'entendaient comme larrons en foire, ayant su qu'un marchand d'étoffes de soie était prêt à faire banqueroute, pour n'avoir point vendu sa marchandise, l'envoyèrent chercher, et lui dirent qu'ils étaient de riches négocians flamands, et qu'ils avaient besoin d'étoffes au moins pour dix mille livres. Le marchand fit apporter chez eux la plus grande partie de ses étoffes; on les choisit, et le marché se conclut. Dans cet intervalle on servit à dîner. Le marchand fut invité à y prendre place; il accepta, mangea beaucoup et but de même. A peine eut-on desservi, qu'il entra un troisième Grec, qui dit à celui qui avait acheté les étoffes : « Eh bien ! voulez-vous que je vous donne votre revanche? Volontiers, répondit l'autre; qu'on apporte des cartes. Monsieur, ajouta-t-il en s'adressant au marchand, cet homme est un négociant de mon pays, qui me gagna hier deux mille écus; si vous étiez heureux, nous jouerions de moitié; cela corrigerait la fortune : en ce cas vous tiendriez les cartes. Le marchand l'accepta, et aussitôt on en vint aux prises. En moins de deux heures, ce marchand perdit dix mille francs. Ici le Grec qui les gagnait fit une pose. « Monsieur, dit-il au marchand, comme je ne sais avec qui j'ai l'honneur de jouer, et que voilà déjà une somme assez considérable de perdue, vous me permettrez de vous demander qui me paiera ? Allez, Monsieur, reprit l'autre Grec, je fais bon pour Monsieur ; je vous réponds de tout ce qu'il perdra. Je lui dois dix mille francs pour des étoffes qu'il m'a vendues et que j'ai reçues. — Voilà qui est clair, dit le Grec qui avait fait l'objection, je n'ai rien à dire à cela. Dans ce cas, ajouta-t-il en reprenant les cartes, je vais continuer. » Il continua en effet, et le marchand perdit non-seulement ses marchandises, mais encore tout ce qu'il avait d'argent sur lui.

LE PURGATIF.

Deux autres Grecs voulaient lier partie avec un médecin riche qui aimait le jeu, mais qui était si occupé de ses malades, qu'ils n'avaient pu le joindre. Un troisième, plus alerte, les tira d'embarras; il fit le malade, et envoya le matin chercher l'Esculape. Celui-ci le trouve effectivement au lit, lui tâte le pouls, ordonne une purgation (mais c'était lui-même qu'on voulait purger), et il promet de revenir le soir. Lorsqu'il arriva, un pharaon était établi; on n'y jouait qu'avec de l'or, et la banque était de deux cents louis. Le prétendu malade, après avoir entretenu de son état le médecin, qui jetait toujours des yeux avides sur la table : « Vous avez la physionomie heureuse, lui dit il ;

voudriez-vous me faire le plaisir de ponter dix louis pour moi ? — Très-volontiers, répondit le médecin. » Le Grec lui donna les dix louis, et aussitôt il se mit à jouer. Il était en effet si heureux, qu'il ne mettait sur aucune carte sans gagner. Toute la partie était surprise de son bonheur. En moins d'un quart-d'heure, il gagna cinquante louis. Il les compta au malade, en lui témoignant qu'il avait eu plusieurs fois envie de lui proposer d'être de moitié. « Ah ! mon dieu, monsieur le médecin, dit le malade, j'en suis au désespoir ; que n'avez-vous parlé ? J'aurais été charmé de partager avec vous ce petit profit. Mais ce qui est différé n'est pas perdu. Vous n'avez qu'à revenir demain à la même heure; ces Messieurs seront ici, et nous jouerons ensemble ce que vous voudrez. » Le docteur n'y manqua pas. Il s'associa avec son malade, qui se portait assez bien pour être autour de la table. On laissa d'abord gagner quelques louis au médecin ; mais dans peu la chance tourna. Il perdit ce jour là, et les suivans, vingt mille francs, qu'il avait gagnés à force de courses et d'ordonnances.

LA MAISON DE SANTÉ.

Un filou, qui en voulait à un financier, apprit que ce dernier avait été obligé de se loger chez un chirurgien, pour réparer sa santé, que son libertinage avait altérée. « Bon, dit le filou, qui sut cette anecdote, voilà mon affaire ; je ne puis plus manquer mon homme ; je n'ai qu'à passer aussi par les remèdes. Je ne risque rien en cela, il n'y a pour moi, au contraire, qu'à gagner à ce marché : car il est incertain si je n'ai pas la même maladie, et il est sûr que je lui gagnerai son argent. Tous les médecins disent qu'il faut s'amuser pendant le cours de ces remèdes ; je me chargerai donc de l'amuser. » Ce qu'il fit en effet d'une manière si intéressante, que, pendant le cours des remèdes, le financier perdit quatre-vingt mille livres, et sortit de ce lieu après soixante jours, radicalement guéri et des femmes et du jeu.

LA PRINCESSE DÉTRONÉE.

Des gaillards bien audacieux résolurent de tromper le public par un stratagème nouveau : ils s'associèrent à cet effet une femme qui donnait à jouer dans Paris. Ils la mirent dans un carrosse brillant, suivi de deux autres, et voyagèrent en Allemagne, publiant partout qu'ils conduisaient une princesse *grecque*, dépouillée par le Grand-Seigneur. Chacun de ces Messieurs jouait un rôle dans cette comédie : l'un était le secrétaire de S. A., l'autre son maître-d'hôtel; celui-ci son gentilhomme, celui-là son écuyer, etc. Ils avaient pris des habits orientaux, et ne parlaient que la langue franque, espèce d'italien corrompu dont se servent les Levantins. On allait au-devant de la prétendue princesse; on cherchait à la récréer par différentes fêtes; mais rien ne l'amusait plus que le jeu. Elle commençait à faire fortune, lorsque dans une petite ville il se trouva un auteur qui venait de donner tout nouvellement, en langue allemande, une histoire générale des différentes révolutions de l'empire Ottoman, et qui n'avait pas dit un mot de S. A. On accusa l'historien d'ignorance. Son honneur l'engageait à éclaircir le fait. Il s'en acquitta avec tant de succès, qu'il désabusa les Allemands sur cette prétendue souveraineté, et prouva très-clairement que la princesse et tous ceux de sa suite étaient une bande de fripons. S. A., craignant sagement les suites de cette découverte, revint, par des routes détournées, reprendre son tripot à Paris.

LA BANQUE SAUTÉE.

Sept Grecs étaient aux aguets depuis long-temps, pour trouver l'occasion de duper un banquier de Lyon, qui était arrivé à Paris, et qui avait la réputation d'aimer le jeu; mais celui-ci se tenait sur ses gardes. Ces Messieurs, ayant su le jour de son départ pour Lyon dans la diligence, jugèrent qu'il n'y avait plus de temps à perdre; ils arrêtèrent sept places. Ce banquier se trouva donc embarqué avec sept Grecs qui feignaient de ne point se connaître, et qui se donnaient, l'un pour un colonel étranger, l'autre pour un seigneur qui voyageait *incognito*, pour son plaisir. Celui-ci était le parent d'un ministre; celui-là d'un duc et pair; et ainsi des autres. Le banquier ne tenait presque point de place dans la voiture, tant il était petit auprès de gens d'une si grande considération : il ne s'était trouvé de sa vie en si bonne compagnie. Le soir, les Grecs demandèrent des cartes, et jouèrent entre eux, sans mettre de la partie le Lyonnais, qui, s'ennuyant d'être simple spectateur, pria qu'on lui permit d'y prendre place. On y consentit par politesse; et très-poliment on lui enleva, à différentes séances, tout son argent comptant et toutes ses lettres de change. On en était à la dernière, lorsqu'on arriva à Lyon ; et ces Messieurs cherchèrent un autre banquier qui voulût faire avec eux le voyage de Paris dans la diligence.

LE MAQUIGNON SUISSE.

Le jeune comte de Grammont, en voyage avec son gouverneur pour se rendre à l'armée de Piémont, était descendu à Lyon, dans une auberge. Ce gouverneur, qui appréhendait que son élève ne trouvât quelque sujet de dissipation qui l'arrêtât trop long-temps, voulait le faire souper seul dans une chambre; mais le comte insista pour manger en compagnie. « En pleine auberge, s'écria ce gouverneur ! Eh ! monsieur, vous n'y songez pas; je me donne au diable, s'ils ne sont une douzaine de baragouineurs à jaser cartes et dés, qu'on n'entendrait pas Dieu tonner. « A ces mots de carte et de dez, dit le jeune seigneur qui raconte lui-même son aventure, je sentis mon argent pétiller. Je descendis et fus un peu surpris de trouver la salle où l'on mangeait remplie de figures extraordinaires. Mon hôte, après m'avoir présenté, m'assura qu'il n'y avait que dix-huit ou vingt de ces messieurs qui auraient l'honneur de manger avec moi. Je m'approchai d'une table où l'on jouait, et je faillis à mourir de rire. Je m'étais attendu à voir bonne compagnie et gros jeu ; et c'étaient deux Allemands qui jouaient au trictrac. Jamais chevaux de carosse n'ont joué comme ils faisaient: mais leur figure surtout passait l'imagination. Celui auprès de qui je me trouvais était un petit ragot grassouillet, et rond comme une poule. Il avait une fraise avec un chapeau pointu, haut d'une aune. Non, il n'y a personne, qui, d'un peu loin, ne l'eût pris pour le dôme de quelque église, avec un clocher dessus. Je demandai à l'hôte ce que c'était?—Un marchand de Bâle, me dit-il, qui vient vendre ici des chevaux : mais je crois qu'il n'en vendra guère de la manière qu'il s'y prend, car il ne fait que jouer. —Joue-t-il gros jeu, lui dis-je? —Non, pas à présent, dit-il, ce n'est que pour leur écot, en attendant le souper : mais quand on peut tenir le petit marchand en particulier, il joue beau jeu.—A-t-il de l'argent, lui dis-je ?—Oh, oh, dit le perfide Cerise, (c'était le nom de l'aubergiste) plût à Dieu que vous eussiez gagné mille pistoles, et en être de moitié, nous ne serions pas long-temps à les attendre. Il ne m'en fallut pas davantage pour méditer la ruine du *Chapeau pointu*. Je me remis auprès de lui pour l'étudier. Il jouait tout de travers; école pour école : Dieu le sait. Je commençais à me sentir quelque remords sur l'argent que je devais gagner à une *petite citrouille* qui en savait si peu. Il perdit son écot ; on servit, et je le fis mettre auprès de moi. C'était une table de réfectoire où nous étions pour le moins vingt-cinq, malgré la promesse de mon hôte. Le plus maudit repas fini, toute cette cohue se dissipa, je ne sais comment, à la réserve du petit Suisse qui se tint auprès de moi, et de l'hôte qui vint se mettre de l'autre côté. Ils fumaient comme des dragons ; et le Suisse me disait de temps en temps · *Demande pardon à monsieur de la liberté grande;* et là-dessus m'envoyait des bouffées de tabac à m'étouffer. Monsieur Cerise, de l'autre côté, me demanda la liberté de me demander si j'avais été dans son pays, et parut surpris de me voir assez bon air, sans avoir voyagé en Suisse. Le *petit ragot*, à qui j'avais affaire, était aussi questionneur que l'autre. Il me demanda si je venais de l'armée de Piémont; et lui ayant dit que j'y allais, il me demanda si je voulais acheter des chevaux, qu'il en avait bien deux cents dont il me ferait bon marché. Je commençais à être enfumé comme un jambon; et m'ennuyant du tabac et des questions, je proposai à mon homme de jouer une petite pistole au trictrac, en attendant que nos gens eussent soupé. Ce ne fut pas sans beaucoup de façon qu'il y consentit, en me demandant pardon de la *liberté grande*. Je lui gagnai partie, revanche et le tout dans un clin-d'œil; car il se troublait et se laissait enfiler, que c'était une bénédiction. Brinon (gouverneur du comte) arriva sur la fin de la troisième partie, pour me mener coucher. Il fit un grand signe de croix, et n'eut aucun égard à tous ceux que je lui faisais de sortir ; il fallut me lever pour en aller donner l'ordre en particulier. Il commença par me faire des réprimandes de ce que je m'encanaillais avec un vilain monstre comme cela. J'eus beau lui dire que c'était un gros marchand qui avait force argent, et qu'il ne jouait non plus qu'un enfant. « *Lui, marchand? s'écrie-t-il. Ne vous y fiez pas, M. le comte. Je me donne au diable, si ce n'est quelque sorcier.* » Tais-toi, vieux fou, lui dis-je; il n'est pas plus sorcier que toi, c'est tout dire : et pour te le montrer, je lui veux gagner quatre ou cinq cents pistoles, avant de me coucher. En disant cela, je le mis dehors, avec défense de rentrer, ou de nous interrompre. Le jeu fini, le petit Suisse déboutonne son haut-de-chausse, pour tirer un beau quadruple d'un de ses goussets ; et me le présentant, il me demanda pardon de la *liberté grande*, et voulut se retirer. Ce n'était pas mon compte. Je lui dis que nous ne jouions que pour nous amuser ; que je ne voulais point de son argent, et que s'ils voulait, je lui jouerais ses quatre pistoles dans un tour unique. Il en fit quelque difficulté, mais il se rendit à la fin, et les regagna. J'en fus piqué. J'en rejouai un autre : la chance tourna ; le dez lui devint favorable, et les écoles cessèrent ; je perdis partie, revanche et le tout : les moitiés suivirent, le tout enfin. J'étais piqué ; lui, beau joueur, il ne me refusa rien, et me gagna tout, sans que j'eusse pris six trous, en huit ou dix parties. Je lui demandai encore un tour pour cent pistoles : mais comme il vit que je ne mettais pas au jeu, il me dit qu'il était tard ; qu'il fallait qu'il allât voir ses chevaux, et se retira, me demandant pardon de la *liberté grande*. Le sang-froid dont il me refusa, et la politesse dont il me fit la révérence, me piquèrent tellement, que je fus tenté de le tuer. Je fus si troublé de la rapidité dont je venais de perdre jusqu'à la dernière pistole, que je ne fis pas d'abord toutes les réflexions qu'il y a à faire sur l'état où j'étais réduit. »

A BON CHAT, BON RAT.

Les Grecs, tous Grecs qu'ils sont, ont quelquefois été pris pour dupes. Trois de ces messieurs logeaient dans une même auberge avec un jeune provincial venu à Paris pour recueillir une riche succession. Ils résolurent de changer les intentions du testateur, en s'appropriant une partie de cet héritage. Un soir ils proposèrent, à cet effet, au Provincial de jouer. Celui-ci, qui avait des affaires pressantes pour le moment, demanda que la partie fût remise au lendemain, ce qui fut accepté de bon cœur de la part des Grecs. Ils s'assemblèrent même une heure avant le temps marqué pour le rendez-vous, dans la chambre où était dressée la table du jeu, et délibérèrent de quelle manière ils gagneraient le provincial. Il fut décidé qu'on jouerait au lansquenet, et que, pour écarter tout soupçon, on lui laisserait gagner, au commencement, cent louis ; ils avaient d'ailleurs éprouvé que les dupes se livrent toujours au jeu avec plus d'ardeur par cet appât. Le projet était bien concerté, et ne pouvait manquer de réussir, si le provincial, qui était rentré dans l'auberge sans qu'on le soupçonnât, n'eût entendu cette conversation d'une chambre voisine. Il dressa en conséquence sa contre-partie. Une demie-heure après, il se rendit dans la salle, se mit au jeu, et lorsqu'il eut gagné les cent louis, son laquais, qui était averti, vint lui dire dans le moment qu'une personne voulait lui parler. Il sortit, et alla loger ailleurs.

LE SANG-FROID.

Les dupes au jeu ne sont pas toujours d'humeur à se laisser voler impunément. Un jeune homme très-violent, jouant avec un Grec, s'aperçut que le gaillard en savait plus long qu'il n'en voulait laisser paraître. Tirant tout-à-coup de sa poche un couteau bien affilé, il cloua la main du filou sur la table, au moment où celui-ci ramassait les dés : « S'ils ne sont pas pipés (préparés pour faire perdre la partie adverse), dit-il froidement, j'ai tort. » Il fut prouvé qu'il avait eu raison de se défier de son homme, et ce dernier fut trop heureux de s'esquiver avec une blessure, au lien de l'argent qu'il comptait empocher.

LES MOUCHETTES.

Un Grec novice jouait au piquet avec un vieux capitaine de cavalerie, dans une ville de province, et le filoutait sans user de beaucoup d'adresse. Toutes les fois qu'il voulait avoir beau jeu, il mouchait d'une main la chandelle, et de l'autre escamotait le talon. L'ancien militaire, qui n'était pas dupe, s'étant aperçu deux ou trois fois de cette manœuvre, lui dit, en s'arrêtant et posant ses cartes sur la table : « Monsieur, je remarque que toutes les fois que vous mouchez la chandelle, je n'ai point d'as. Je vous serais obligé de vouloir bien vous dispenser de prendre tant de peine ; car j'aime encore mieux n'y voir pas si clair.

et avoir des jeux moins louches. » Sur ce premier avis, le Grec se retint quelque momens ; mais une heure après, étant question de la fin d'une partie décisive, et ayant ce coup-là un jeu si mauvais, qu'il ne lui fallait pas moins que les huit cartes du talon pour le raccommoder, il prit de nouveau les mouchettes, et dit au capitaine : « Je vous demande bien pardon, monsieur, mais c'est une vieille habitude que j'ai prise au piquet, de moucher. » Et moi, dit le militaire, en l'arrêtant sur le fait comme il escamotait le talon, c'est aussi un usage que j'ai de moucher ceux qui me volent au jeu. En même temps il tira de sa poche un pistolet et brûla la cervelle de son adversaire.

LA PLUIE D'ARGENT DU CARREFOUR MONTESQUIEU.

Dans les premiers jours d'août 1819, le bruit se répandit dans Paris qu'il pleuvait de l'argent (quelques-uns même disaient de l'or) au carrefour que forment les rues Montesquieu, du Bouloy et Croix-des-Petits-Champs. Ce manège commençait vers les dix heures du soir et ne s'arrêtait pas avant minuit; l'argent tombait, non pas du ciel, nous n'en sommes pas encore au point de croire à des miracles de nouvelle fabrique, mais de l'une des nombreuses croisées qui donnent sur cet emplacement assez vaste : de sorte que personne ne pouvait deviner d'où jaillissait cette précieuse rosée. Les Parisiens, et j'entends par ce mot les gens qui *habitent*

Paris, aussi bien que les natifs; les Parisiens, dis-je, sont gens curieux : ils vinrent en foule pour être témoins de cette merveille; et, chaque soir, le rassemblement fut plus considérable que la veille, sans qu'il se trouvât dans cette quantité toujours croissante de spectateurs des deux sexes, un seul personnage assez fin pour donner aux autres le mot de l'énigme. Il se faisait là-dessus beaucoup de conjectures plus ridicules les unes que les autres : c'était, disaient les bonnes gens, quelque fou qui *jetait son argent par les fenêtres*. Des gens plus malins prétendaient qu'il s'agissait pour le moins d'un complot séditieux; enfin chacun hasardait son mot. Entre temps, de fortes patrouilles de garde nationale, de troupes de ligne, de gendarmerie à pied et à cheval, se croisaient sur tous les sens, entr'ouvraient les rangs, qu'elles voyaient se reformer aussitôt après leur passage, et n'y concevaient rien de plus que les simples particuliers.

Au bout de quelques jours, la police avait reçu tant de dépositions diverses de gens qui avaient perdu leur montre, leur bourse, leur mouchoir ou quelque autre effet plus ou moins précieux, qu'il lui devint facile de reconnaître la cause et le but de cette farce publique. Il demeura constant que si ce n'était pas l'œuvre préparée de longue main de quelques-uns des industrieux filoux dont la capitale ne manque pas, du moins les gaillards avaient-ils su la faire habilement tourner à leur profit. Ils s'étaient répandus dans la foule, sous le costume le plus élégant comme sous l'habit le plus grossier. Tous avaient leur rôle : les uns, vêtus en chiffonniers, une lanterne à la main, paraissaient chercher entre les pavés les pièces de monnaie, et montraient à leurs voisins ébahis jusqu'à des louis de 20 et de 40 francs, qu'ils prétendaient avoir ramassés; les autres étaient chargés de pousser, de temps en temps, de ces bruyantes exclamations qui ne manquent jamais leur effet dans les rassemblemens publics : ceux-ci jetaient eux-mêmes en l'air des boutons de métal, des morceaux d'ardoises, de tôle, de fer blanc, de bouteilles cassées même; or, tandis qu'ils attiraient par là sur différens points l'attention de la foule abusée, ceux-là, et c'était le plus grand nombre, *travaillaient* sans peine dans les poches de leurs voisins.

Enfin un beau soir l'administration jugea qu'il était temps de mettre un terme à cette spéculation d'un genre neuf à Paris. Elle fit tout uniment bloquer le rassemblement : on invita les personnes désintéressées à se retirer paisiblement; et l'on fit main-basse sur deux ou trois cents individus qui n'eurent pas le bon esprit de prévoir ce qui allait arriver. On sent bien que dans ce nombre il se trouva quelques *innocens*; ils en furent quittes pour une nuit passée à la Préfecture ou dans les corps-de-garde. Il y eut peut-être beaucoup de travailleurs qui furent relâchés, faute de preuves suffisantes. Une cinquantaine de *messieurs* et de *dames* furent condamnés, par voie de police municipale, à une amende de 1 à 16 francs. Le reste s'étant trouvé nanti d'objets suspects, ou précédemment repris de justice, attend la décision du tribunal de police correctionnelle On ne doute pas que ces honnêtes-gens ne s'y récrient hautement contre une pareille violation de la liberté de la presse.

LA MÉPRISE VOLONTAIRE.

Un vieillard, en se promenant dans le Palais-Royal, un soir qu'il s'y trouvait beaucoup de monde, tenait machinalement sa canne derrière son dos. Il sent tout-à-coup qu'on l'arrache de sa main, se retourne : « Ah ! pardon, Monsieur, lui dit-on; je vous ai pris pour un de mes amis ! » Et l'on s'empresse de lui restituer la canne, en redoublant les excuses qu'il admet avec beacoup de politesse. On se sépare ; le vieillard rentre chez lui, raconte en riant l'aventure; et, jetant enfin les yeux sur sa prétendue canne, ne rit lus quand il reconnaît que l'on a substitué un mauvais bâton de bois blanc peint à un superbe jai garni de sa pomme d'or.

*

LES MOUCHOIRS A VINGT-HUIT SOUS.

Depuis quelque temps on a découvert une nouvelle manière de faire le commerce. Deux ou trois gaillards, qui n'ont pas la langue morte, s'établissent au coin de la première rue, étalent d'assez beaux mouchoirs sur une espèce de chassis formé de lattes croisées qui ne s'élèvent pas à plus de cinq à six pouces au-dessus du pavé, et les crient à *vingt-huit sous*. Ce n'est pas cher ; les pareils en valent trente-six à quarante dans les boutiques. Des compères se récrient sur la beauté, sur la modicité du prix. La foule s'assemble : les uns admirent, les autres achètent. Les marchands ambulans ont un débit superbe à un tiers de perte ; mais ils partagent avec des camarades qui, placés derrière les chalands, font *incognito* un autre commerce, sur lequel il y a cent pour cent à gagner, même en donnant les objets à moitié de leur valeur.

LE CIDRE ET LE VIN.

Un curé de campagne devait donner à dîner à sept ou huit curés et vicaires des environs, le jour de la fête du village. Tandis que ces messieurs chantaient la grand'messe, et que la cuisinière était, comme on dit, dans son coup de feu, arrive un frère quêteur inconnu, qui salue dévotement la bonne fille et lui offre ses petits services. Elle les accepte, pousse la porte de la rue, et invite le frère, qu'elle croit l'un des convives, à venir à la cave pour mettre une pièce de vin en perce. Armés d'une lumière, d'une cruche et d'un villebrequin, ils descendent ; mais quand ils sont en bas, la cuisinière s'aperçoit qu'elle a oublié le robinet. Tandis qu'elle remonte le chercher, le frère se hâte d'attaquer un quarteau de cidre qu'il perce lestement. « Qu'avez-vous fait, lui dit l'autre à son retour? Je vous avais prié de m'attendre; le vin est là tout à côté ! — Oh bien ! tenez, mettez là votre pouce gauche, et j'aurai bientôt percé l'autre. » La fille obéit sans réflexion. « Mais, reprend-elle, mon frère, voilà deux pièces percées ; où avez-vous mis le robinet que je viens de vous donner? » Le gaillard l'avait jeté au loin ; il feignit de n'en rien savoir, et fit encore poser l'autre pouce de la servante devant le trou d'où le vin commençait à s'épancher. « Eh bien ! dit-il, c'est d'avoir, en attendant mieux, deux bouchons; il y en a sûrement là-haut ;

je cours les chercher. — Dépêchez-vous, frère. » Il remonte quatre à quatre, ramasse sur la table les couverts, les timballes d'argent, décroche la montre du curé, fait main-basse sur une superbe volaille, met le tout dans la besace, et s'échappe sans s'inquiéter des cris de la pauvre fille, qui ne cessait de le presser et de lui dire que les bras lui tombaient de lassitude.

Quelque temps après, l'office fini, le curé et ses confrères reviennent; ils trouvent la porte entr'ouverte, appellent Jeanneton. Personne. Enfin ils distinguent la voix de la servante continuant d'invoquer les secours du frère. Ils volent au caveau, la voient les deux bras inondés l'un de vin, l'autre de cidre, qui s'étaient échappés malgré ses efforts; la délivrent; et, sur son récit, conjecturent (comme il ne leur fut ensuite que trop bien prouvé) que le prétendu quêteur était un adroit filou, attiré dans ce lieu par la solennité du jour.

LE GOURMET.

Un Monsieur, ou s'affichant tel, s'est présenté dernièrement chez l'un des pâtissiers les plus renommés du Palais-Royal. Il portait un chapeau à cornes décoré de la cocarde et de plumes blanches, un habit *français*, sur lequel se faisait remarquer une large étoile (qu'un examen plus approfondi a fait reconnaître pour une découpure en papier argenté), et l'épée de rigueur. Il mourait de besoin, dit-il, et demanda ce que l'on avait de plus recherché en pâtisserie légère. Après s'être bien et dûment bourré l'estomac de friandises, et avoir avalé quatre ou cinq petits verres de liqueur, notre gourmet déclara se nommer le commandeur de B.......d, et voulut se retirer en promettant de payer un autre jour, parce qu'il avait *oublié* sa bourse. « Mais, Monsieur, observa l'honnête pâtissier, je ne suis pas dans l'usage de faire crédit aux personnes que je n'ai point l'honneur de connaître. — Comment ! pas même au commandeur de B.......d? — Tout ce que puis faire, c'est de donner à M. le commandeur un de mes garçons pour l'accompagner jusque chez lui, et me rapporter mon argent. — Voilà qui est fort malhonnête ; je ne vais pas directement chez moi. — Il faudrait cependant, Monsieur, prendre cette peine; car mon argent.... — Votre argent, votre argent ! et s'il n'y en a point chez moi, que voulez-vous que j'y aille faire? »

Le pâtissier, ne se souciant pas de faire une esclandre pour une bagatelle, eut la bonté de se contenter de cette excuse, et laissa aller son homme, tout en se promettant bien de ne plus régaler messieurs les commandeurs de rencontre, sans être certain qu'ils eussent leur bourse sur eux, ou tout au moins à leur domicile.

L'EFFRONTÉ COQUIN.

Au mois de juin 1776, un homme se présente au corps-de-garde du Pont-Neuf, au milieu d'une nuit obscure, et prie le sergent du poste de lui permettre d'allumer sa lanterne, et de lui confier deux hommes pour être témoins de l'ouverture de sa boutique, située sur le pont. Il allègue, pour motif de ce dérangement, la nécessité où il se trouve de partir de très-grand matin pour une foire, et de tenir ses ballots tout prêts à l'arrivée du *camion* qui doit les conduire au roulage

Le sergent y consent; le négociant conduit ses deux hommes devant une boutique dont il ouvre sans peine les cadenats ; c'était celle d'un marchand de rouenneries. Les ballots sont bientôt faits ; le camion arrive, les soldats aident eux-mêmes à le charger. On referme soigneusement toutes les ferrures ; et le marchand généreux, après avoir donné pour boire à ceux qui l'avaient aidé, part avec ses marchandises. Je dis *ses*, car il venait d'en faire l'acquisition à bon marché. Le véritable propriétaire fut bien étonné le lendemain, quand il ne trouva plus rien chez lui, et surtout quand il sut que le guet s'était rendu complice des voleurs.

LE NOUVEAU DÉBARQUÉ.

Un jeune homme, qui venait étudier en médecine à Paris, où son frère, plus âgé que lui, suivait la même carrière, rencontra, à la dernière couchée, un homme qui lui parut si honnête, qu'il n'hésita pas un moment à lui faire confidence de ses projets, et à entrer dans quelques détails sur sa famille. Dès les premiers mots, l'inconnu se récria sur le bonheur d'une pareille rencontre, l'embrassa, lui dit qu'il connaissait beaucoup ses parens; que son frère, depuis près de deux ans qu'il était dans la capitale, était un méchant de ne point lui avoir seulement donné signe de vie; qu'il voulait que l'arrivant réparât cette faute, en venant s'installer chez lui, etc., etc. Enfin il multiplia tellement les honnêtetés, que le nouveau débarqué ne crut pas pouvoir se refuser à des offres aussi désintéressées, et le suivit à son domicile, dans un des faubourgs de la capitale.

Là se trouvèrent la mère et la femme de l'inconnu, qui parurent partager son empressement aussitôt qu'il leur eut dit un mot à l'oreille, embrassèrent leur hôte, le débarrassèrent d'une espèce de havresac, où étaient ses petits effets et une centaine d'écus, les mirent dans une armoire dont ils le forcèrent d'accepter la clef, le firent souper assez somptueusement, et coucher dans un bon lit. Mais à peine venait-il de s'endormir, quand des coliques affreuses le réveillèrent, et le forcèrent de sauter à bas du lit. Il n'avait pas de lumière, et se trouvait très-embarrassé. *Heureusement* le maître du logis l'entendit, et vint à tâtons de la pièce voisine s'informer de ce qui pouvait le déranger ainsi. « N'est-ce que cela, dit-il, en l'apprenant? tenez, nous n'avons pas le temps d'allumer de la chandelle ; venez, il y a au bout du corridor où vous voici une porte qui donne sur une petite cour : entrez-y, mettez-vous à votre aise ; et revenez au plutôt dans votre lit. » Le jeune homme suit ce conseil, trouve la porte, l'ouvre et sort ; mais à peine a-t-il passé le seuil, qu'elle retombe à grand bruit. Pressé de se soulager, il n'y fait guère d'attention. Cependant il se rapproche enfin de la porte, cherche à lever le loquet, n'en peut venir à bout ; frappe doucement d'abord, puis de toute sa force. Personne ne répond : il est obligé d'attendre en chemise, par une nuit assez froide, jusqu'à ce que le petit jour lui fasse distinguer les objets. Alors il se trouva dans une rue déserte où cinq ou six portes semblables ne laissèrent pas de l'embarrasser. Il frappa à toutes jusqu'à ce qu'il s'en ouvrît une ; mais la personne qui lui répondit eut l'air de ne pas savoir ce qu'il voulait dire. Jamais il ne put retrouver ses hôtes officieux, qui lui gardent encore ses habits, sa bourse et le reste de ses effets.

IL JOUAIT A COUP SUR !

Tout récemment la banque d'une maison de jeu, située rue Dauphine, a perdu une somme considérable par un de ces coups imprévus où le hasard n'entre pour rien. Le tailleur avait auprès de lui quelques rouleaux de mille francs. Une main s'avance par-dessus son épaule, et jette sur le tapis une somme modique, en désignant sa destination ; elle se retire ensuite ; mais en passant elle fait rafle de trois rouleaux, et disparaît avec une telle rapidité, qu'on n'a pu même distinguer le corps auquel appartenait cette main si subtile. Dans l'incertitude où cette fugue subite laisse l'administration, il lui est impossible d'imaginer autre chose, sinon que l'auteur du coup est quelque joueur en perte, qui n'a pas trouvé de chance plus sûre pour prendre sa revanche.

LE BON CONSEIL.

Un paysan, qui voulait tuer son cochon, consulta son compère pour savoir comment il s'y prendrait pour éviter de partager le boudin, les saucisses, etc., avec ses voisins, selon l'usage établi en semblable occasion. « Te voilà bien embarrassé, dit l'autre, tu n'as qu'à te plaindre demain qu'on t'a volé cette nuit ton porc. » L'autre tope à cette idée lumineuse, et promet de la mettre à profit. Ils se séparent. L'officieux conseiller s'introduit la nuit dans la cour de son compère, ouvre sans bruit la *soue*, et emmène le docile animal. Grand bruit le lendemain : le maître du cochon se récrie sur le vol qu'on lui a fait, et vient trouver son ami. « Eh bien ! lui dit celui-ci, comment va la ruse ? — Il s'agit bien de ruse ; on m'a réellement pris mon porc. — Bien ! bien ! mon cher ; tant que vous conterez l'affaire aussi naturellement, personne ne vous demandera ni saucisses ni boudin ; mais j'espère bien en avoir ma part, en faveur du bon avis que je vous ai donné. »

Cette petite aventure rappelle une des scènes de l'Avocat Patelin. Cet habile jurisconsulte a conseillé à son client Agnelet de contrefaire le blessé et le muet, et de répondre comme pourraient le faire ses moutons, au juge qui doit l'interroger. Le gaillard suit si bien ce conseil, qu'il se voit définitivement acquitté. Après l'audience l'avocat le rejoint, et lui demande son paiement. « Béé ! répond Agnelet. — Oui, tu as fort bien joué ton rôle, reprend M. Patelin. — Béé ! — Mais ce n'est point là ce que je te demande, c'est de l'argent. — Béé ! Béé ! » Bref l'avocat en est pour son plaidoyer, et le berger se tire une seconde fois d'affaire en usant du moyen que l'autre lui a fourni.

Ce trait ne diffère du précédent qu'en ce que la conséquence du conseil retombe ici sur celui-là même qui l'a donné, et dément d'une façon notoire le vieux proverbe qui dit que *les conseilleurs ne sont pas les payeurs.*

LA BONNE AVENTURE.

Toutes les sorcières ne sont pas aussi honnêtes que les sibylles du faubourg St.-Germain et de la Chaussée-d'Antin ; l'aventure suivante en donnera la preuve aux gens qui pourraient encore en douter.

Deux dames, très-bien mises et parées de riches joyaux, se présentent un jour à la porte du galetas où une vieille tireuse de cartes faisait sa résidence (on voit que le trait date d'un peu loin ; nos devineresses habitent des espèces de palais, où l'or et l'acajou brillent de toutes parts). On leur ouvre : elles expliquent en balbutiant le motif de leur visite ; elles sont admises. Il s'agit de connaître précisément ce qui arrivera à chacune d'elles, dans une affaire de cœur où elles se trouvent engagées. Le seul moyen de tout savoir, au dire de la maîtresse du logis, est de converser tête à tête avec un esprit familier, espèce de sylphe qui ne doit leur causer aucune frayeur, parce que s'il consent à se rendre visible, il ne cessera pas d'être impalpable. Ces dames se sentent assez de courage pour subir cette épreuve. «Mais, ajoute-t-on, pour se rendre digne de paraître devant l'esprit, il faut consentir à se mettre dans l'état de pure nature (c'est-à-dire, toutes nues). » On hésite un peu sur cet article; cependant un esprit, qui dit ce qui vous arrivera, mérite bien que l'on surmonte en sa faveur quelques scrupules. Ces dames consentent encore : elles se déshabillent des pieds jusqu'à la tête, dégagent leurs cheveux des vains ornemens qui les retenaient captifs, et les laissent flotter sur leur sein dont ils sont alors le voile unique. Quand elles sont prêtes, la vieille, qui ne les a point quittées, les prend l'une après l'autre par la main, et les conduit chacune dans un cabinet différent, où elle les enferme, jusqu'à ce qu'elle ait, dit-elle, fait sa conjuration, en leur recommandant surtout de ne pas souffler le mot. Une heure, deux heures, trois heures se passent; l'esprit ne paraît point, comme l'a sans doute deviné le prévoyant lecteur. Les dames, qui n'étaient séparées l'une de l'autre que par une faible cloison, se hasardent à se communiquer les réflexions qu'elles ont eu tout le temps de faire. Elles conviennent de frapper chacune à la porte de son cabinet pour savoir où en est l'opération. Point de réponse. Quelque tems s'écoule encore : oh ! pour le coup, elles n'y tiennent plus, et poussent, chacune de leur côté, des cris perçans. Il y avait au-dessous du grenier où elles étaient des locataires qui entendirent le bruit, et vinrent à la porte extérieure pour écouter de plus près. Ils interrogèrent les pauvres recluses, qui racontèrent ce qui s'était passé; mais, comme il n'est pas permis à un voisin d'ouvrir ou de forcer une porte qui n'est pas la sienne, il fallut aller chercher le commissaire, son clerc, enfin tout l'appareil de la justice. On ouvrit la première pièce; elle ne contenait absolument rien : on en vint ensuite aux cabinets que l'on ouvrit également; mais ces dames ne pouvaient pas, en conscience, paraître devant un commissaire et ses adjoints comme en présence d'un sylphe; elles se retranchèrent dans le coin le plus obscur, jusqu'à ce que le magistrat, instruit de leur situation, eut envoyé chercher dans le voisinage de quoi couvrir leur nudité. Enfin elles vinrent devant lui toutes honteuses, et confessèrent leur piteux cas. Le commissaire n'y pouvait mais, puisque la sorcière était déménagée avec les nippes et les joyaux de ses pratiques ; il dressa un beau procès-verbal qu'elles signèrent et payèrent, par-dessus le marché ; et libre à elles de s'en retourner chacune chez soi.

LE PAUVRE HOMME !!!

Un particulier arrêté comme coupable du vol d'un cheval, dans l'heureux temps où il n'y avait ni jurés ni défenseurs, usa d'un singulier moyen de défense. Interpellé par le juge de dire ses nom, âge, qualités, et enfin pourquoi il avait volé ce cheval? l'accusé s'inclinant, répondit : « Mgr. le juge, ne me jugez pas avant de m'entendre ; car vous vous damneriez en me condamnant ; ce qui, soit dit sans malice, est arrivé quelquefois. Or sus, voici le fait : je passais dans une rue fort étroite, et j'étais extrêmement pressé, car ma fille était à l'agonie; je trouve un cheval qui barrait juste le passage. On me crie: Ne passez pas derrière, ce cheval vous donnera un coup de pied ; je me retourne pour passer par devant; on me dit, encore plus haut : prenez garde, il vous mordra....! Moi, bon père, pressé de secourir ma fille, je mets le pied à l'étrier pour franchir le passage; mais voilà que le cheval prend le mord aux dents, et m'eût conduit, je ne sais où, sans la bonté de ces messieurs qui m'ont sauvé la vie, en arrêtant cette méchante bête qui rue, qui mord les gens, qui les emporte, et en me conduisant devant votre justice. »

Les historiens du temps rapportent que le juge, qui n'aimait pas à rire, condamna le cheval et le voleur à passer huit jours attachés sur la place publique, le voleur restant en selle. On ajoute que l'humanité des passans adoucit la rigueur et la sécheresse de la sentence, en les empêchant de mourir d'inanition.

LE TRAQUENARD.

Un homme qui avait été volé dans la foule où il se laissait entraîner par sa curiosité, résolut, puisqu'il ne pouvait prendre sur lui de renoncer à son habitude, d'échapper, au moins par la ruse, au danger qu'elle lui faisait courir; il commanda à son serrurier, habile mécanicien, une espèce de traquenard dont il garnit la seule poche de ses vêtemens, où il mit son mouchoir, sa bourse et sa tabatière. Fort de cette précaution, il continua de se glisser hardiment dans tous les groupes qu'il rencontrait, et de s'enquérir, en vrai musard, de tout ce qui se passait sur son chemin. Un jour qu'il était livré à son occupation favorite, il entend tout-à-coup partir la détente de son piége ; mais sans paraître y prendre garde, il fait aussitôt quelques pas en avant. « Monsieur, monsieur, lui dit à voix basse un homme qui le suivait bien malgré lui, je vous en prie, ne me perdez pas ! — Ah ! coquin, tu fouilles dans ma poche. — Plus bas, monsieur, je vous en supplie. — Plus bas ! c'est toi peut-être qui m'as pris ma bourse, il y a quelque temps ? — Monsieur, je vous jure que non. — Si ce n'est pas toi, tu paieras pour le voleur, et je vais te livrer à la justice — Ah ! monsieur, je veux bien payer ; mais qu'avez-vous besoin de me dénoncer ; cela ne vous rendra pas votre argent, au lieu que je puis..... — En faire la restitution ? — Oui, monsieur ; combien y avait-il dans votre bourse ? — Dix louis. — Je les ai justement sur moi, monsieur, et si vous voulez... — Si je le veux? rends vîte, ou, par la corbleu!... — Les voici, monsieur, bien comptés. — Allons, va te faire pendre ailleurs. » Et le fripon, remis en liberté, s'enfuit sans demander son reste.

DEUX MONTRES POUR UNE.

Un monsieur bien mis était au parterre de la Comédie Française où l'on se tenait debout alors ; il sent une main importune se glisser vers la ceinture de sa culotte, l'arrête vivement, et se fouillant lui-même, dit à son voisin, dont il n'a garde de lâcher le poignet : « Ah! scélérat, vous m'avez volé ma montre! — Monsieur, je vous assure que non ; je... — Vous l'avez prise, et la preuve c'est que je ne l'ai plus ; il faut me la rendre, et sur-le-champ. » Ce colloque attirait déjà l'attention de ceux qui entouraient les deux personnages ; le voleur, craignant les suites de cette affaire, dit à-peu-près comme celui de l'aventure qui précède celle-ci : « Eh bien ! monsieur, lâchez-moi, voici votre montre. » L'honnête homme, bien content de la ravoir, laissa échapper la main qu'il tenait, et dont le porteur s'esquiva lestement. Pendant tout le spectacle, il tint son gousset fermé de crainte de quelque nouvelle tentative ; mais de retour chez lui, quelle fut sa surprise de trouver accrochée à la cheminée sa montre qu'il avait oubliée le matin ! Il paraît que le filou, bien persuadé qu'il avait affaire à quelque camarade plus adroit que lui, avait fait ce léger sacrifice pour en éviter un plus considérable, auquel l'aurait exposé sa comparution devant la justice.

CELUI-CI ÉTAIT PLUS FIN QUE L'AUTRE.

Un autre filou, surpris à-peu-près de même dans un parterre, dit à la personne qui l'accusait de lui avoir volé sa bourse : « Il est vrai, monsieur; mais ne faites point d'esclandre, et prenez-la vous-même dans ma poche. Le volé, qui n'y entendait pas malice, n'y eut pas plutôt porté la main que l'autre la retint en criant : *au voleur*. Là-dessus, grand brouhaha; on arrêta le prétendu filou, qui eut beau protester de son innocence, et qui fut conduit au prochain corps-de-garde ; mais le véritable avait disparu, et son absence, bien plus encore que les papiers honorables dont sa dupe justifia, prouva l'injustice de l'accusation. On le relâcha presque aussi-tôt, et il en fut quitte pour les coups qu'il avait reçus au moment où on l'avait arrêté.

LE COCHER DE PLACE.

Une bande de filoux, dont plusieurs des honorables membres avaient été saisis munis de fausses clefs et de rossignols, résolut de ne plus faire usage de ce moyen qui n'était propre qu'à dévoiler leur savoir faire, et de s'introduire dorénavant par les fenêtres dans les appartemens que la compagnie jugerait convenable de dévaliser. A cet effet, un des associés se fit recevoir conducteur chez un loueur de carrosses ; tout le jour il roulait comme ses pareils; mais la nuit était destinée à un autre genre de travail. Il menait son fiacre devant la maison que ses camarades lui désignaient;

l'un d'eux, grimpé derrière la voiture, y faisait en apparence l'office de valet; mais tenait réellement le pied d'une échelle pliante dont elle était munie, et au moyen de laquelle deux ou trois autres montaient dans la maison, par une croisée restée ouverte. Il recevait ensuite les paquets qu'on lui jetait; le prétendu cocher les entassait dans le carrosse, et quand il était suffisamment garni, l'on avait toute facilité pour les conduire au magasin de la société, sans que personne pût se douter du coup. Ces messieurs faisaient leur opération avec d'autant plus de sécurité, qu'ils avaient toujours soin de placer une vedette à chaque extrémité de la rue où elle avait lieu. Cependant leur ruse fut découverte par la mal-adresse de l'une des sentinelles, et toute la bande fut arrêtée d'un coup de filet.

LES DEUX MORTS VIVANS.

Il se présenta un jour chez M. Charles D......., riche marchand d'étoffes, de la rue St.-Honoré, un particulier, envoyé exprès de Chartres, pour lui annoncer que son frère Philippe, établi dans cette ville, venait d'y succomber à une combinaison de fièvres maligne et putride. Cet homme avait été chargé d'une lettre de la veuve, qui détaillait les circonstances de ce malheureux événement; mais ayant eu le malheur de rencontrer *un ami* dès la première journée de la route, il s'accusait d'avoir fait avec lui la débauche, et perdu, dans cet excès, la lettre qu'il devait apporter. Il en savait, au surplus, le contenu, qui se bornait à des regrets sur la perte du défunt, et à l'invitation de venir promptement mettre ordre aux affaires de la succession, sur laquelle le frère, habitant de Paris, avait des droits, puisque l'autre mourait sans enfans. Sa belle-sœur se recommandait à son humanité dans les arrangemens qu'il allait prendre à ce sujet. M. D....... aimait beaucoup son frère aîné : très-affligé de son décès, il crut devoir combler d'attentions et de politesses l'homme qui avait pris la peine de venir lui annoncer ce malheur, et lui offrit un logement chez lui pour le temps que ses affaires le retiendraient à Paris. Le messager n'en avait point d'autre que sa commission elle-même ; il accepta pour une nuit seulement, voulant retourner à Chartres dès le lendemain, et proposant à M. D....... de faire route ensemble. Mais celui-ci ne pouvait quitter aussi promptement sa maison : il pria l'autre de passer chez lui une couple de jours; ce qui fut refusé avec de grandes protestations de reconnaissance. Le lendemain donc cet homme se mit en route, emportant, avec les remerciemens de son hôte, une somme assez forte dont on avait payé son voyage.

Deux jours après, ainsi qu'il l'avait promis, M.....D.. partit à son tour, avec un de ses amis. Les vélocifères, les célérifères, les parisiennes, les jumelles toulousines, et tant d'autres voitures publiques de formes différentes, n'étaient point encore inventées; il n'existait guère alors que de misérables coches, que l'on payait fort cher, et notre héritier ne crut pouvoir faire rien de mieux que d'économiser ces frais, en se rendant pédestrement à Chartres. Fatigués d'une longue traite, ces messieurs s'arrêtèrent à moitié chemin, dans une auberge où ils couchèrent. Au milieu de la nuit, le bruit d'un meuble renversé dans leur chambre réveilla en sursaut. M. D...... qui ouvrit les yeux, et, à la clarté de la lune, vit une grande figure blanche parfaitement ressemblante à celle du pauvre défunt. « Ah ! mon frère, s'écria-t-il, que voulez-vous de moi? » A ces mots le fantôme répondit par un grand cri, et s'enfuit dans la pièce voisine, dont la porte fut à l'instant barricadée. Le mouvement d'effroi de M. D......, l'exclamation qui l'avait suivie, le bruit de cette porte fermée avec violence, réveillèrent le compagnon de notre voyageur, qui s'enquit de ce que ce pouvait être. Il se donnait pour un esprit fort : jugez s'il traita de vision cornue l'apparition du défunt ! Il décida, en supposant qu'elle fut véritable, que le prétendu revenant était quelque voyageur logé dans la pièce suivante avant leur arrivée. Ch. D....... alléguait une ressemblance frappante, que l'autre mettait sur le compte de la superstition. Le reste de la nuit se passa dans ces colloques, dont le frère du défunt n'était pas fâché de prolonger la durée.

Enfin le jour parut, et avec lui l'aubergiste qui venait réveiller un voyageur couché, comme l'ami l'avait prévu, dans la pièce du fond : il dit à Charles D....... et à son ami que c'était un habitant de Chartres que la mort de son frère appelait à Paris. Le voyageur parut; c'était Philippe qui, averti la surveille, par un inconnu, du décès subit de Charles, était venu coucher dans ce lieu. Dérangé la nuit par quelque besoin, il avait été aussi effrayé en entendant la voix de son frère, que celui-ci à son aspect. Les deux morts vivans, enchantés du dénouement imprévu de cette aventure, cherchaient quel pouvait être le but de la mystification qu'on leur avait faite; il leur fut aisé de le deviner, quand, rentrés chacun dans leur domicile, ils découvrirent que, non content de ce qu'ils lui avaient donné pour sa commission, l'homme, qu'au signalement ils avaient reconnu l'un et l'autre, avait eu l'adresse de soustraire chez tous deux, pendant la nuit qu'il y avait passée, quelques pièces de taffetas et d'autres marchandises, pour une valeur assez considérable. Ils se promirent bien de ne plus croire si facilement aux contes que l'on pourrait leur faire à l'avenir, et surtout de ne jamais loger d'inconnus dans leur magasin.

LE FILOU MALGRÉ LUI.

Un homme assez pauvrement vêtu passe sous les pilliers des halles : chacun sait comme les fripiers qui les garnissent s'acharnent après les passans pour les engager à se fournir chez eux. Celui-ci, impatienté de tant d'invitations successives, se laisse entraîner chez l'un d'eux, où il entre d'un air tout ébahi. « Voyons, que souhaitez-vous, Monsieur, lui dit un garçon ? — Moi ! rien. — Oh ! vous nous achèterez bien quelque chose : un pantalon, un gilet, une redingotte, dont vous paraissez avoir besoin. Voulez-vous esssayer le pantalon ? — Comme vous voudrez. — Il vous faut cela dans le beau ? — Oh ! j'en aimerais mieux un beau qu'un vilain. — En voici un d'un drap superbe ;....... il vous va comme si on l'eût fait pour vous. Otez votre habit, Monsieur, nous allons vous mettre ce gilet et cette redingotte qui s'assortira parfaitement avec le pantalon. — Suis-je bien comme cela ? — Très-bien. Tenez, marchez un peu; regardez-vous dans cette glace. — Effectivement, cela ne me va pas mal. Monsieur, ne prendriez-vous pas bien mes habillemens que voilà... en déduction du prix de ceux-ci? — Très-volontiers, si cela vous arrange. — Eh bien! c'est dit : un échange n'est pas un vol. » A ces mots, notre homme, qui était insensiblement passé de la salle dans la boutique, s'élance de celle-ci dans la rue, et fuit avec une telle rapidité, qu'il fut impossible de le rejoindre. Les vêtemens qu'il laissait ne valaient pas un petit écu, et le fripier en fut pour ses avances.

LE COFFRET.

Un voyageur manceau,

— D'autres disent normand,

arrive chez un maître d'hôtel-garni de

Paris, avec un coffret assez pesant sous le bras et un porte-manteau qui paraissait passablement garni. Il demande une chambre, et prie l'hôte de serrer son coffret dans un endroit sûr, parce que, attiré dans la capitale par un procès important, il a dû se munir d'une somme considérable en or pour subvenir aux frais, et vivre peut-être trois ou quatre mois que se prolongera son affaire, dans une ville où l'on dépense toujours plus que l'on n'avait compté. Le maître de l'hôtel accueille fort bien un homme qui semble disposé à faire un long séjour, et qui lui met en main des valeurs considérables, s'il en juge par le poids du coffret ; il le fait renfermer devant lui par sa femme, dans une armoire dont elle a toujours la clef sur elle, et lui répond que son avoir n'y court aucun risque.

Voilà notre plaideur installé dans la

maison; il y reste à discrétion pendant près de deux mois, sortant tous les matins pour son procès, après avoir bien déjeuné, rentrant dîner à une heure convenue, puis allant faire un tour l'après-midi, et trouvant son souper tout prêt à son retour. Un jour que la maîtresse du logis était sortie pendant qu'il déjeunait, il s'en va comme de coutume, et revient, au bout d'une demi-heure, prier l'hôte de lui ouvrir à l'instant l'armoire pour prendre dans le coffret 400 francs, prix d'un cheval qu'il vient d'acheter, et qui vaut bien 25 louis. « Ma foi, dit l'autre, vous venez mal; ma femme est sortie comme vous le savez, et la clef ne la quitte pas. — Diable! va-t-elle rentrer? — Oh! pas avant le dîner.—Oh! ciel! vous allez me faire manquer un marché superbe : j'ai dit que je venais prendre mon argent, et retourner de suite. Je passerai donc pour un gascon ! — A cela ne tienne. C'est 400 francs qu'il vous faut ; les voilà. Allez chercher votre cheval et le ramenez ici ; j'ai place pour lui dans mon écurie. — A la bonne heure, je veux bien ; mais c'est à condition que vous en aurez le plus grand soin. »

On le lui promet. Il part avec la somme ; et l'on s'étonne à l'heure du dîner, où il était si exact, de ne le point voir reparaître. La femme surtout s'inquiète pour le pauvre voyageur ; mais son mari la rassure, en lui disant que sans doute il fait la débauche avec celui qui lui vend le cheval. Le soir arrive ; personne. On ne ferme l'hôtel qu'après minuit ; et, pour le coup, l'on conçoit de vives inquiétudes. Le lendemain, une semaine, une autre se passent ; aucune nouvelle. L'hôte va chez le commissaire faire sa déclaration : celui-ci vient visiter le porte-manteau, où il ne trouve que des guenilles, et ouvrir le coffret : il était plein de cailloux. Bref, cet homme trop confiant avait hébergé cinquante-sept jours un escroc, lui avait avancé quelques écus dans l'intervalle, et les 400 francs remis en dernier lieu. Le total se montait à 7 ou 800 francs dont il ne lui rentra jamais un sou.

LE PÉNITENT-MISSIONNAIRE.

Vers la fin de 181, un homme, dont l'extérieur annonçait la fortune et une éducation soignée (il est au moins probable qu'il avait lu son *Gil Blas*), vint se jeter aux pieds du vénérable abbé de R......, chef suprême de la mission dans une des *bonnes* villes du Midi. « Mon père, lui dit-il avec toute l'humilité que peut donner un véritable repentir, je suis un grand pécheur. Né d'une famille distinguée, j'ai abusé de mes richesses pour m'abandonner à toute la fougue des passions; excepté le vol et le meurtre, dont a daigné me préserver la bonté divine, je me suis souillé de tous les vices, j'ai commis tous les crimes. Le jeu, le vin, les femmes se sont partagé mon existence. J'ai abusé la timide innocence, troublé la félicité conjugale, ruiné, par des moyens que je me reprocherai sans cesse, des hommes qui me croyaient leur ami; outragé, par des débordemens sans exemple, tout ce que la morale et la religion ont de plus respectable. Enfin le Seigneur a daigné m'ouvrir les yeux sur l'énormité de mes fautes : je les reconnais, et désire les expier; mais je sens que dans le monde trop d'occasions s'offriraient à moi pour y retomber, et je viens vous prier de recevoir dans vos bras le pécheur repentant. Je ne prétends point être à charge à votre pieuse maison : j'ai pris des mesures pour convertir en espèces les débris de ma fortune passée ; et, après avoir payé toutes mes dettes, j'ai l'assurance de sauver du naufrage environ 300,000 fr. que je me propose de verser dans la caisse de la Mission, et qui, employés par vous en bonnes œuvres, ne seront qu'une faible compensation des sommes énormes que j'ai englouties dans de vaines dissipations. Voici toujours un à-compte de 10,000 fr., que je vous prie de recevoir comme le prélude de dépôts plus considérables que mon homme d'affaires a l'ordre de faire entre vos mains, après qu'il aura terminé ma liquidation. » Ce discours et surtout sa péroraison touchèrent le saint homme. Il admit le néophyte et son premier versement, toucha même, à diverses époques, environ 5,000 francs des 290,000 qui restaient à recevoir, et fut, ainsi que tous ses confrères, édifié de la conduite du pécheur converti. Recommandé par elle moins encore que par les espérances fondées sur sa promesse, il s'avança rapidement dans l'ordre, et devint en peu de temps lui-même le chargé des affaires de la communauté, et par conséquent l'arbitre suprême du placement des fonds dont elle disposait, et de ceux qu'elle attendait de lui. Il conseilla l'emploi de ces derniers en l'acquisition d'un domaine considérable, à peu de distance de la ville, et fut chargé de la surveillance de tous les travaux. Revêtu de la confiance de la maison, il obtint sans peine celle de ses fournisseurs et des capitalistes du voisinage. Les rentrées, sur lesquelles il comptait de son côté pour solder les premiers termes de paiement du domaine, ne s'étant pas effectuées assez promptement, il se vit *forcé* d'emprunter, au nom de ses confrères, une centaine de mille francs pour parer à leur échéance très-prochaine. Les entrepreneurs des réparations, dont il avait fait sentir l'utilité, avaient besoin d'argent : il emprunta encore une quarantaine de mille francs, sous prétexte de les satisfaire. De plus, il restait en caisse environ 20,000 francs sur lesquels devaient être payés incessamment le cordonnier, le marchand de drap, la lingère, le boucher et d'autres marchands dont les mémoires s'élevaient à des sommes considérables.

Un beau jour le nouveau dom Raphaël (1) quitta de grand matin le couvent, pour aller inspecter ses ouvriers, et ne rentra pas le soir. On alla voir le lendemain au domaine ce qui avait pu le retenir : il n'y avait point paru. L'on

---

(1) Personnage du roman de Gil-Blas.

conçut d'abord de grandes inquiétudes sur la personne de ce saint homme; mais bientôt elles se convertirent en soupçons, quand on trouva la caisse entièrement vide. Enfin le bruit de cette disparition donna l'éveil aux prêteurs d'argent et aux créanciers qui vinrent en foule réclamer leurs avances, et il fut reconnu que le prétendu converti était un fripon, qui avait abusé des choses les plus saintes, pour faire un bon coup aux dépens des missionnaires.

LA SALLE SAINT MARTIN.

Vous ne connaissez peut-être pas la salle Saint-Martin? Dieu vous garde de sa connaissance! vous y seriez d'abord privé de votre liberté, et puis mêlé avec tout ce que Paris a de plus vil, et puis volé, si vous aviez de quoi, et puis, — et puis, et puis.... le mieux est de faire en sorte de l'esquiver, quoique de très-honnêtes gens y aient été parfois enfermés ; témoin l'aventure suivante, dont le dénouement date du 1er. septembre 1819.

Un brave homme avait été *pincé* dans une bagarre à Paris, conduit à la préfecture et déposé à la salle Saint-Martin. Peu flatté des figures qui l'entouraient, il découvrit, dans un coin, un groupe de cinq personnes, assez proprement mises, et se fourra dans la tête que l'on pourrait bien avoir aussi fait un *quiproquo* en leur faveur ; en conséquence, il s'en rapprocha, et tout en causant s'avoua porteur d'une montre et de 600 francs en or. « Diable, lui dit l'un d'eux, vous n'avez pas encore été interrogé, sans doute ? Vous allez l'être, fouillé, dépouillé de tout ce qui tombera sous la main de V.... ; je vous en avertis — Vous croyez. — Oh ! il ne s'en fait aucun scrupule. Seriez-vous bien aise de sauver tout cela ? Confiez-le-moi en présence de ces Messieurs » L'honnête homme hésita ; mais finit par se rendre. A peine eût-il remis ses effets que les cinq individus firent apporter du vin, une volaille ; et régalèrent le nouveau venu, qui, au train dont ils y allaient, commença à craindre que ce ne fût à ses dépens. Il se tût cependant jusqu'à ce que l'on vînt appeler son dépositaire. « Eh ! mais, dit-il aux quatre autres, quand il fut sorti, si on le fouille. — On ne le fouillera pas. — Bon. — C'est pour le mettre en liberté. — Et il s'en va avec mon argent !!!. » Là dessus, il se mit à crier comme un beau diable; les gardiens vinrent, et après des cérémonies le conduisirent au bureau de police. Son homme n'était pas encore sorti; on le força à restitution, moins 50 francs qui avaient déjà disparu; et l'autre, plus tranquille, fut fut ramené à la *salle Saint-Martin ;* on l'avertit seulement à mieux choisir ses liaisons, attendu que dans les cinq individus en question, il se trouvait quatre forcats libérés, et que le cinquième était simplement repris de justice.

TABLE DES AVENTURES

CONTENUES

DANS CE VOLUME.

Le porte-manteau. . . . . . . page 5
L'épouse de rencontre. 8
Le docteur et son malade. 10
Le dédit. 11
L'emprunt incognito. 14
La culotte du gascon. 16
Trois mois en un jour. 19
La restitution réciproque. 27
C'est le tout de bien s'entendre. . . 28
Avocat, passez au déluge. 31
La chappe à l'évêque. 32
La bonne cachette. 34
Le bon somme. 36
L'officieux. 37

La lettre de cachet. . . . . page 40
Il était trop bien enfoncé. 41
Les songeurs. 42
Le voleur comme il faut. 44
La malle du verrier. 46
Les devins. 49
Les gourmets 51
L'héritage. 53
Le revenant. 55
Le voleur consciencieux. 57
Les lettres de change. 58
Le portrait au vol. 62
Les larrons en foire. 64
La rencontre. 65
Le compère, sans le savoir. . . . 67
Il est fort, celui-là. 68
Le mal et le remède. 69
Le conseil. 71
Les marchandises prohibées. . . . 72
Il en eut pris sur l'autel. 75
Partie et revanche. . . . . ibid.
La précaution. 78

Avis aux vieillards............page	79
L'âne fondu..............	81
Nage toujours.............	83
Tour anglais..............	85
L'avis inutile.............	87
L'épouse délaissée...........	89
Le narcotique..............	94
Les badauds anglais..........	97
Le récit mis en action........	98
Le conciliateur.............	100
Trait de bonhomie...........	102
L'esprit familier............	103
La prise de tabac...........	106
Le compagnon de voyage......	108
Le méridien du Palais-Royal...	110
La chemise à l'essai.........	113
Les marchands de lapins......	115
Quatre dupes pour une.......	117
Le double commerce.........	120
Ne défiez pas un normand!...	121
Le voleur contrit............	122
Le voleur dépouillé..........	123

Le pendant d'oreille. . . . . page 124
L'échange. 126
La question. 129
On pouvait l'en croire. 130
La trouvaille. . . . . ibid
Qui a terme ne doit rien. 133
Deux tours pour un. 134
Le diable. 136
Colin-Maillard. 138
La gageure. 139
Il en avait de beaux restes. . . . ibid
Les déserteurs. 144
Le paralytique. 146
La quête. 148
Vengeance d'un filou. 150
Le vieillard compatissant. 152
Les deux font la paire. 155
Il est neuf celui-là. 157
Le nouveau converti. 158
Le mendiant éclopé. 162
Il faut être conséquent. 164
Le voisin. 165

L'homme au crachat. . . . . page 167
Les Grecs modernes. 169
Le faux négociant. 170
Le purgatif. 173
La maison de santé. 175
La princesse détrônée. 176
La banque sautée. 178
Le maquignon suisse. 180
A bon chat, bon rat. 187
Le sang froid. 189
Les mouchettes. 190
La pluie d'argent du carrefour
   Montesquieu. 192
La méprise volontaire. 197
Les mouchoirs à 28 sous. 198
Le cidre et le vin. . . . . , ... 199
Le gourmet. 202
L'effronté coquin. 204
Le nouveau débarqué. 206
Il jouait à coup sûr. 209
Le bon conseil. 210
La bonne aventure. 213

Le pauvre homme. . . . . page 215
Le traquenard. 219
Deux montres pour une. . . . 221
Celui-ci etait plus fort que l'autre. 223
Le cocher de place. 224
Les deux morts vivans. 226
Le filou malgré lui. 231
Le coffret. 233
Le pénitent missionnaire. . . . 237
La salle Saint-Martin. 242

FIN.

www.ingramcontent.com/pod-product-compliance
Lightning Source LLC
Chambersburg PA
CBHW070633170426
43200CB00010B/2006